Klasse Kuchen

Köstliches für die Kaffeetafel

Liebe Leser!

Backen ist in und Kuchenessen erst recht. Probieren Sie es selbst! Wir wollen Sie dazu animieren und haben hier die besten Kuchenrezepte für Sie zusammengestellt. Sie stammen aus dem kürzlich durchgeführten top-agrar-Wettbewerb „Backen für die Kaffeetafel“, wurden von einer fachkundigen Jury beurteilt, ausprobiert und bewertet.

Herausgekommen sind 100 Rezepte für köstliche Kuchen: Lieblingsrezepte unserer Leser und Leserinnen, die zum Teil von Generation zu Generation überliefert wurden und die Renner auf jeder Kaffeetafel sind. Zum Teil sind es auch völlig neue Kreationen, die im Alltag entstanden sind. Andere wiederum sind mit Zutaten aus dem Vorrat schnell gebacken, wenn unerwartet Gäste kommen. Und wieder andere lassen sich hervorragend im Voraus backen und fertig stellen, weil sie erst nach ein paar Tagen so richtig gut schmecken. Ideal, wenn Sie eine große Gesellschaft erwarten und das Kuchenbuffet entsprechend planen.

Traumtorten, köstliche Eistorten und schnell gezauberte Kuchen auf kaltem Wege, Obstkuchen in vielen neuen Variationen, feine Rührkuchen, die man locker aus der Hand essen kann, und natürlich angesagtes Gebäck für Kids und Teens finden Sie auf den folgenden Seiten.

Also überraschen Sie Ihre Familie und Ihre Gäste mit einem neu ausprobierten Kuchen! Viel Spaß dabei!

Ihre top agrar-Redaktion

Inhalt

Fachteil

Rezeptteil

Der Teig macht den Kuchen

Damit Rührteig locker und Mürbeteig knusprig wird, Hefeteig sicher aufgeht, Baiser auf der Zunge schmilzt und Biskuitteig schön luftig ist, sollten Sie vor allem gute Zutaten verwenden und ein paar Kniffe beherrschen. Dann kann eigentlich nichts schief gehen!

Rührteig: Der Verwandlungsfähige

Was früher mit dem Rührlöffel recht mühsam war, geht heute dank Handrührgerät und Küchenmaschine schnell und unkompliziert. Dennoch gilt: Ein Rührteig muss zu Anfang etwa 2 Minuten gut gerührt werden, damit das weiche Fett schön schaumig wird und der Zucker sich löst. Feinkörniger Zucker löst sich besser auf als grobkörniger. Rühren Sie auch das Mehl, mit Backpulver vermischt, so schnell wie möglich unter. Sonst wird der Teig zäh und der Kuchen fest.

Ein Rührteig soll schwer reißend vom Rührlöffel fallen, deshalb immer nur so viel Milch oder andere Flüssigkeit hinzugeben wie unbedingt notwendig. Und ganz gleich welche Backform Sie nehmen: Die Form sollte immer nur zu zwei Dritteln gefüllt sein, damit der Teig beim Backen nicht überläuft.

Zutaten:
250 g Fett, 250 g Zucker, 1 Päckchen Vanillezucker, 4 bis 6 Eier, 500 g Mehl, 1 Päckchen Backpulver, etwas Milch

So wird's gemacht: Das weiche Fett mit Zucker und Vanillezucker schaumig rühren, Eier nach und nach dazugeben. Mehl mit Backpulver vermischen und rasch unter den Teig rühren. Je nach Beschaffenheit etwas Milch zugeben. In einer gefetteten Form (hohe Formen zusätzlich mit Mandeln oder Paniermehl ausstreuen) bei 175 Grad ca. 50 bis 60 Minuten backen.

Mürbeteig: Der Knusprige

Aus 3 Teilen Mehl, 2 Teilen Fett (Butter oder eine gute Backmargarine) und 1 Teil Zucker kneten Sie rasch einen Mürbeteig, der sich gut verarbeiten lässt und sich, weil er ohne Backpulver auskommt, auf Vorrat im Kühlschrank oder der Gefriertruhe hält. Verwenden Sie feinen Zucker; grobkörniger wird beim Backen zu braunen Sprenkeln im Teig. Puderzucker ist nicht gut geeignet: Er karamellisiert nicht, deshalb wird der Boden dann nicht so mürbe und fein wie gewünscht. Und seine halbe Stunde Ruhezeit an einem kühlen Ort sollten Sie dem Teig gönnen!

Zutaten:
150 g Mehl, 100 g Fett, 50 g Zucker

So wird's gemacht: Mehl auf die Arbeitsfläche geben, Fett in Flocken darauf verteilen und darüber den Zucker. Mit zwei Teigkarten alles kräftig durchhacken und mit kalten Händen schnell verkneten. Vor dem Ausrollen den Teig ruhen lassen.

Bevor Sie den Mürbeteig backen, mehrfach mit der Gabel einstechen, damit der Teig keine Blasen wirft. Er wird bei hoher Temperatur (220 Grad) in 10 bis 15 Minuten goldgelb gebacken.

Mürbeteig braucht vor dem Weiterverarbeiten eine halbe Stunde Ruhezeit. Dazu den Teig in Folie verpackt im Kühlschrank lagern.

Eiweiß wird am besten in einer kalten Metallschüssel zu Schnee geschlagen. Für Baiser den Zucker nach und nach einrieseln lassen und so lange schlagen, bis die Masse sehr steif ist und lange Spitzen bildet.

Biskuitteig: Der Feine

Je geringer die Mehlmenge, desto feiner wird der Biskuit. Geht man beim einfachen Biskuit pro Ei von 50 g Mehl und 50 g Zucker aus, so rechnet man für einen besonders feinen Biskuit auf jedes Ei 30 bis 35 g Zucker; 20 bis 25 g Mehl (davon die Hälfte Stärkemehl).

Zutaten:
5 Eier, 180 g feiner Zucker, 65 g Mehl, 65 g Speisestärke, evtl. 2 bis 3 EL heißes Wasser, evtl. 1 Messerspitze bis 1/2 TL Backpulver

SO WIRD'S GEMACHT: Das Eigelb wird mit der Küchenmaschine schön schaumig geschlagen. Pro Ei kann man 1/2 EL heißes Wasser hinzugeben. Anschließend zwei Drittel des Zuckers zugeben und alles dickschaumig schlagen. In der Zwischenzeit das Eiweiß zu Schnee schlagen und das restliche Drittel der Zuckers einrieseln lassen. Backpulver mit Mehl und Stärke mischen. Eischnee auf die Eigelb-Zucker-Masse geben. Das Mehl-Gemisch darübersieben und mit dem Schneebesen unterheben, keinesfalls rühren! Den Teig in eine mit Pergamentpapier ausgelegte Springform geben und im vorgeheizten Backofen bei 175 Grad ca. 30 bis 40 Minuten abbacken. Nach dem Backen den Rand vorsichtig mit einem Messer vom Kuchen lösen, Biskuit stürzen, das Papier abziehen und auskühlen lassen, bevor Sie ihn durchschneiden.

Werden die Eier getrennt und das Eiweiß zu Schnee geschlagen, erhält man einen sehr lockeren, grobporigen Biskuit. Feinporiger und etwas fester wird der Biskuit, wenn Sie die ganzen Eier mit dem Zucker zusammen schaumig schlagen und das gesiebte Mehl unterheben. Für einen sehr leichten, lockeren Biskuit nimmt man mehr Eiweiß als Eigelb, der Teig wird dann heller.

Biskuit für eine leckere Biskuitrolle wird auf einem Blech gebacken: Je geringer die Mehlmenge, desto feiner wird der Biskuit.

Baiser: Der Zarte

Das zart schmelzende Schaumgebäck besteht lediglich aus Eiweiß und Zucker und evtl. Geschmackszutaten. Pro Eiweiß rechnet man bis zu 50 g feinsten Zucker. Nehmen Sie nur frisches und gekühltes Eiweiß und achten Sie auf saubere Trennung und ein fettfreies Gefäß. Schön fest schlägt sich das Eiweiß, wenn man etwas Zitronensaft oder eine Prise Salz zugibt.

Zutaten:
7 Eiweiß, 250 g Zucker, 1 Prise Salz, 5 TL Zitronensaft, evtl. Kakao oder Farbstoffe

SO WIRD'S GEMACHT: Das Eiweiß langsam zu halbfestem Schnee schlagen. Den Zucker nach und nach zufügen und schlagen, bis die Masse sehr steif und glänzend ist und lange Spitzen bildet. Eiweißmasse auf Backtrennpapier spritzen oder streichen und im vorgeheizten Backofen bei 100 bis 130 Grad ca. 2 bis 3 Stunden mehr trocknen als backen. Baisers dürfen keine Farbe annehmen. Nach dem Backen das Papier abziehen. Sind sie von unten noch nicht trocken, umgedreht im Backofen nachtrocknen lassen. Baisers sollten Sie mit einem Sägemesser schneiden, damit sie nicht bröckeln.

Für einen Brandteig Fett, Flüssigkeit und Mehl zuerst als Teigkloß im Kochtopf „abbrennen" und dann erst Eier und Backpulver untermengen.

Brandteig: Der Besondere

Wer Windbeutel oder eine Flockentorte liebt, muss sich die Mühe machen, den Teig zuerst im Kochtopf „abzubrennen" und dann erst zu backen.

Zutaten:
1/4 l Wasser oder Milch, 65 bis 125 g Fett, 1 Prise Salz, 125 bis 150 g Mehl, 4 bis 6 Eier, evtl. etwas Backpulver

So wird's gemacht: Die Flüssigkeit mit Fett und Salz aufkochen, den Topf von der Kochstelle nehmen und das Mehl auf einmal hineinschütten und verrühren. Wieder auf den Herd stellen und mit einem Holzlöffel so lange rühren, bis sich der Teigkloß vom Topfboden löst („abbrennen"). Auf dem Topfboden hat sich dann eine weiße Haut gebildet. Sofort ein Ei unterrühren, abkühlen lassen. Den Teigkloß in eine Schüssel geben und unter ständigem Rühren nacheinander nur so viele Eier dazugeben, bis der Teig glänzt und schwer reißend vom Löffel fällt. Danach das Backpulver sorgfältig unterrühren. Den Teig in einen Spritzbeutel mit großer Tülle füllen und z.B. für Windbeutel runde, hohe Teighäufchen mit großem Abstand auf ein gefettetes, mit Mehl bestäubtes Backblech spritzen. Beim Backen ein Schälchen mit Wasser auf den Boden des Backofens stellen. Der Wasserdampf unterstützt das Aufgehen des Teiges. Den Backofen während der ersten zwei Drittel der Backzeit nicht öffnen, sonst fällt das Gebäck zusammen. Brandteig immer bei hohen Temperaturen abbacken. Dafür den Backofen auf 225 Grad vorheizen. Nach der Hälfte der Backzeit die Temperatur auf 200 Grad reduzieren. Formgebäck muss sofort nach dem Backen aufgeschnitten werden. Brandteiggebäck frisch verzehren, einfrieren oder vor dem Verzehr im heißen Backofen aufbacken.

Hefeteig: Der Lockere

Keine Angst vor Hefeteig! Hefeteig bereitet man heute einfach nach der All-In-One-Methode zu. Ein Vorteig ist nicht mehr notwendig.

Zutaten:
500 g Mehl, 1 Würfel Hefe oder 1 Tüte Trockenbackhefe, 3 bis 4 EL Zucker, 1 Prise Salz, 1/4 l Milch, 80 g weiche Butter

So wird's gemacht: Frische Hefe in der nur handwarmen Flüssigkeit auflösen (Trockenhefe kann direkt mit dem Mehl vermischt und weiterverarbeitet werden). Alle anderen Zutaten für den Hefeteig zusammen in die Schüssel geben und die Flüssigkeit hinzugießen. Anschließend alles etwa 5 Minuten in der Küchenmaschine oder mit den Knethaken verkneten, bis der Teig sich vom Rand löst und Blasen wirft. Hefeteig dann abgedeckt gehen lassen, bis er sich etwa verdoppelt hat. Das dauert je nach Teig etwa 20 Minuten oder auch länger.

Trockenfrüchte, Nüsse usw. werden erst nach dem ersten Aufgehen hinzugegeben. Hefeteig vor dem Weiterverarbeiten immer einmal kräftig durchkneten. Vor dem Backen ein weiteres Mal gehen lassen. Im vorgeheizten Backofen wird der Kuchen dann anschließend bei 200 Grad ca. 20 bis 40 Minuten gebacken.

Quark-Ölteig: Der Schnelle

Quark-Ölteig lässt sich häufig anstelle von Hefeteig einsetzen. Er ist sehr schnell zubereitet, ist aber nicht so fein und trocknet schneller aus. Quark-Ölteig schmeckt deshalb nur ganz frisch aus dem Ofen. Er wird gern als Basis für Obstkuchen (z.B. mit Pflaumen oder Aprikosen) genommen.

Zutaten:
200 g Magerquark, 6 EL Milch, 6 EL Öl, 1 Ei, 100 g Zucker, 1 Prise Salz, 400 g Mehl, knapp 1 1/2 Päckchen Backpulver

So wird's gemacht: Etwa ein Drittel der Mehlmenge mit Backpulver mischen. Alle anderen Zutaten in die Rührschüssel geben und miteinander verrühren. Mit dem restlichen Mehl-Backpulver-Gemisch zu einem geschmeidigen Teig verkneten. Je nach Rezept weiterverarbeiten und wie Hefeteig backen.

Hefeteig auf einem Blech in Form bringen: Vor dem Backen sollte Hefeteig immer ein zweites Mal aufgehen.

Geling-Tipps für feine Backwaren

Backen ist nicht schwer, wenn man ein paar Grundregeln beherzigt und sich zu helfen weiß.

Gute Zutaten sind das A und O

Damit Sie sich über ein gutes Backergebnis freuen können, nehmen Sie vor allem gute Zutaten. Es muss nicht unbedingt Butter sein, eine gute Backmargarine tut es auch. Machen Sie hierbei jedoch keine Kompromisse aus Preisgründen.

Frisch sollten die Zutaten auf jeden Fall sein. Das gilt vor allem für Eier und Butter und natürlich für Hefe, die sonst nicht genug Kraft hat, den Teig hochzutreiben.

Welcher Zucker?

Feiner Zucker eignet sich zum Backen besser als grobkörniger. Er löst sich schneller auf und verbindet sich gut mit den anderen Zutaten. Grober Zucker karamellisiert in Körnchen und ist später als Sprenkel im Teig wiederzuerkennen.

Vanillezucker oder Vanillinzucker?

Echten Vanillezucker erhält man als Bourbon-Vanillezucker; Vanillinzucker ist die preiswertere Variante, die mit künstlichen Aromen versetzt ist und intensiv durchschmecken kann.

Vanillezucker lässt sich übrigens sehr leicht selbst machen: Dazu 100 g Zucker in ein Schraubglas geben. Eine Vanilleschote der Länge nach aufschlitzen, das Mark herauskratzen und mit dem Zucker vermischen. Schote klein schneiden, ebenfalls in das Glas geben und das Ganze etwa eine Woche ziehen lassen.

Vanillemark gibt es als Naturvanille zu kaufen (eine Messerspitze entspricht dem Mark einer Schote).

Nicht zu viel Backpulver

Schwere Teige brauchen oft relativ viel Backpulver, damit sie aufgehen. Doch dosieren Sie sparsam: Backpulver schmeckt leicht durch und der Teig hat dann einen bitteren Beigeschmack. Backpulver immer mit einem Teil Mehl vermischen und fein gesiebt unterheben. Einen Teil des Backpulvers können Sie auch durch Alkohol ersetzen. So lockern 3 EL einen Teig von etwa 500 g Mehl.

So lässt sich Teig gut ausrollen

Mürbeteig kann ganz leicht zwischen zwei Folien ausgerollt werden. Die Folie hilft auch gut beim Transport. Einfach eine Lage Folie abziehen und den Teig in die Form heben. Dabei den Teig stürzen und die zweite Folie abziehen.

Auch Marzipan lässt sich zwischen zwei Klarsichtfolien wunderbar ausrollen und beispielsweise als Tortenfüllung oder als Mantel weiter verwenden.

Wie blind backen?

Damit ein Obstboden aus Mürbeteig beim Backen schön flach bleibt und keine Blasen bildet, sollte man ihn blind backen. So wird's gemacht: Teig mit einer Gabel ein paar Mal einstechen, ein passendes Stück Backpapier darüberlegen und mit trockenen Erbsen oder Bohnen belegen. Die Hülsenfrüchte können übrigens mehrmals verwendet werden.

RICHTIG BACKEN

Backtrennpapier macht sowohl das Backen als auch die Reinigung leicht und kommt für alle Teige in Frage. Für die meisten Kuchen genügt es aber, die Form gut einzufetten. Besondere Formen können zur Sicherheit noch mit Mandeln oder Paniermehl ausgestreut werden. Es gibt aber auch Formen und Bleche, die aufgrund ihrer Beschichtung Einfetten überflüssig machen.

- Backöfen backen teilweise sehr unterschiedlich. Die Zeiten, die in den Rezepten angegeben werden, gelten für konventionelle Backöfen. Beim Umluftofen rechnet man 20 Grad herunter, die Backzeit verlängert sich um ca. 10 Minuten.
- Stellen Sie die Form niemals auf ein Backblech, sondern immer auf den dafür vorgesehenen Rost, damit der Kuchen von allen Seiten gleichmäßig Hitze bekommt. Die Kuchenmitte sollte auch in der Mitte des Ofens sein.
- Machen Sie kurz vor Ende der Backzeit die Garprobe: Dazu mit einem Holzstäbchen in der Kuchenmitte einstechen. Wenn kein Teig hängen bleibt, ist der Kuchen fertig.

Damit Kuvertüre schön glänzt

Auf die richtige Temperatur kommt es an, damit der Schokoladenüberzug schön glänzt. Im Wasserbad oder in der Mikrowelle verflüssigen Sie zunächst nur zwei Drittel der Schokolade und lösen dann die restliche Schokolade darin auf. Zeichnen Sie bei einer Torte die Stücke mit einem Tortenteiler an, bevor der Schokoladenüberzug ganz hart ist. Dann können Sie die Stücke gut schneiden, ohne dass die Schokoladenhaube ungleichmäßig bricht.

Weiße Schokolade ist etwas hitzeempfindlicher als dunkle und verlangt daher noch mehr Aufmerksamkeit beim Schmelzen. Sie verdankt ihren Schokoladengeschmack der Kakaobutter.

So wird Buttercreme schaumig

Butter und Flammerie müssen die gleiche Temperatur haben, damit sie sich zur leckeren Creme verbinden. Zimmerweiche Butter dafür schön pflaumig schlagen und den Pudding löffelweise darunterschlagen. Haben Sie nur wenig Zeit, können Sie auch die Butter in kleinen Stücken unter den heißen Vanillepudding rühren. Dann alles kalt werden lassen und vor dem Füllen der Torte zur Creme aufschlagen.

Mit Zuckerguss und Schokolade dekorieren

Wer auf eine Torte schreiben will, füllt ziemlich festen Zuckerguss oder geschmolzene Kuvertüre in einen Gefrierbeutel, schneidet eine Ecke dünn ab und spritzt einen netten Spruch, eine Zahl oder ein Spinnennetz auf den Kuchen. Ist die Folie hitzebeständig, kann die Schokolade gleich im Beutel geschmolzen werden. Kneten Sie diesen zwischendurch ein paar Mal durch; die Schokolade darf nicht zu heiß werden.

Schokoladenlocken lassen sich sehr leicht selbst herstellen. Flüssige Kuvertüre dünn auf einer Marmorplatte ausstreichen, erstarren lassen und mit einem Messer oder einer Kuchenpalette abziehen. Fäden entstehen, wenn Sie mit einem Zestenreißer kräftig darüberziehen.

So färben Sie Marzipan und Zuckerguss

Um Marzipan z.B. für Rosen zu färben, braucht man nur einige Tropfen Speisefarbe. Schon mit wenigen Tropfen wird das Marzipan pastellfarben. Intensiver werden die Farben durch einen kräftigen Druck auf die Tube. Peppiges Orange beispielsweise erhalten Sie, wenn Sie Gelb und Rot mischen und dann erst mit der Marzipanmasse verkneten. Anschließend ausrollen, in schmale Streifen oder kleine Kreise schneiden und beispielsweise zu Rosen eindrehen. Auch Zuckerguss wird farbig durch Zugabe von Lebensmittelfarbe, Spinat- oder Rote-Bete-Saft und ersetzt fertige Zuckerschrift.

Feiner Überzug für Obstkuchen

Besonders lecker wird der Obstkuchen, wenn man den Obstbelag mit aufgelöstem Aprikosengelee oder einem anderen feinen Gelee überzieht. Dafür 450 g Aprikosenkonfitüre mit 2 bis 3 EL Wasser und 2 EL Zucker stark kochen lassen, bis das Wasser fast verdampft und der Zucker aufgelöst ist. Die noch heiße Glasur mit einem Pinsel über das Obst streichen.

So gelingt Buttercreme: Zimmerweiche Butter cremig aufschlagen und den abgekühlten Pudding in kleinen Portionen unterheben.

KÄLTESCHLAF FÜR BACKWAREN

Die meisten Teige lassen sich sehr gut einfrieren. Teig dann im Kühlschrank auftauen und wie frischen Teig weiterverwenden. Ideal also zur Vorbereitung einer großen Kaffeetafel. Auch Fertiggebackenes lässt sich bis auf wenige Ausnahmen wie Baiser, der in der Kälte zäh wird, gut in der Truhe bevorraten. Wenn man das Gebäck nach etwas Antauzeit kurz in den heißen Backofen (175 Grad) schiebt, schmeckt es wie frisch.

- Hefekuchen schmeckt am besten aufgebacken aus dem Ofen. Er eignet sich hervorragend zum Einfrieren. Kurz vor dem Kaffeetrinken einfach für etwa 10 Minuten in den heißen Backofen schieben und fertig ist der „frische" Hefekuchen!
- Rührteig lässt sich sehr gut bevorraten. Am besten nimmt man gleich das doppelte Rezept und variiert durch unterschiedliche Zutaten.
- Mürbeteig verträgt den Kälteschlaf ebenfalls ausgezeichnet.
- Quarkölteig sollte dagegen möglichst nicht eingefroren werden. Er schmeckt am besten direkt frisch aus dem Backofen und wird schnell alt und trocken.
- Große Blechkuchen am besten in großen Portionsstücken einfrieren, sie tauen so schneller auf und lassen sich außerdem nach Wunsch einzeln entnehmen.
- Sahne, Kuvertüre oder Zuckerguss immer erst nach dem Auftauen auftragen, sie vertragen Hitze und Kälte nicht gut. Die Schokolade wird im Eis leicht grau, Zuckerguss wird feucht.

Gut in Form

Praktisch soll die Form sein und leicht zu handhaben. Dem Teig soll sie Gestalt geben und ihn nach dem Backen gut wieder loslassen. Gleichmäßig bräunen soll sie und sich einfach reinigen lassen. Wissenswertes, damit auch Ihr Kuchen gut in Form ist.

Als Grundausstattung brauchen Sie eine Springform mit glattem Boden und Rohrbodeneinsatz, eine Obstbodenform und eine Kastenform. Bleche und eine Fettpfanne gibt es meist passend zum Backofen dazu oder man kauft sie in variablen Größen nach.

Spezialformen, wie beispielsweise eine Rehrückenform, ein Muffinblech oder Herzformen sind keineswegs notwendig. Sie animieren aber dazu, trendiges Gebäck auszuprobieren, und sorgen für Abwechslung.

Blech, beschichtet oder emailliert?

Weißblechformen sind sehr preiswert und eignen sich gut für einen Gas-Backofen. Im Elektroherd wird die Wärme dagegen nicht optimal weitergeleitet. Meist ist das Gebäck dann an den äußeren Rändern etwas dunkler. Die Formen sind nicht säurefest.

Formen aus Schwarzblech backen gleichmäßig, sind aber kratzempfindlich und nicht säurebeständig. Je nach Teig kann die Reinigung schon mal Probleme bereiten. Deshalb gilt wie für die anderen Formen: Am besten direkt nach dem Backen einweichen. So lösen sich Kuchenreste leichter. Auch Schwarzblechformen gibt es schon zu günstigen Preisen.

Antihaftbeschichtete Backformen sorgen ebenfalls für ein gutes Backergebnis und sind problemlos zu reinigen. Sie sollten den Kuchen besser nicht in der Form schneiden, die Formen sind sehr kratzempfindlich. Auch häufigen Kontakt mit Säure vertragen sie nicht so gut.

Profi-Backformen mit Emaille-Boden und beschichtetem Rand gibt es zu stattlichen Preisen auch für Privathaushalte. Wenn Sie oft und gern backen, sollten Sie sich die Anschaffung durchaus überlegen. Emaillierte Formen zeichnen sich durch gute Backeigenschaften aus und nehmen einen Schnitt auf dem Boden nicht übel. Sie kommen auch mit salzigem oder pikantem Teig gut zurecht und eignen sich hervorragend für Obstkuchen. Allerdings sind sie nicht stoßfest. Die Emaille splittert dann ab.

Backformen mit einem hitzebeständigen Glasboden sind eine preiswertere Alternative dazu. Kratzfest und säureunempfindlich, sind sie überdies leicht zu reinigen und können bei einer Torte auch sehr gut als Unterboden oder für den Transport genutzt werden. Glatte Kanten erleichtern die Arbeit und es kann sich kein Teig festsetzen.

Welche Größe?

Gängige Springformen haben einen Durchmesser von 26 oder 28 cm. Meist sind die Rezepte für diese Springformgrößen angegeben. Empfehlenswert ist jedoch auch die Anschaffung einer kleineren Form mit einem Durchmesser von 18 cm, insbesondere für kleine Haushalte oder um mehrere verschiedene Kuchen zu backen. Die Zutaten für ein normales Rezept einfach halbieren, so erhalten Sie eine kleine Torte.

Bleche sollten nach Möglichkeit immer emailliert sein, damit Sie ohne Bedenken Obstkuchen, Pizza oder Streuselkuchen backen und schneiden können. Hier lohnt sich der höhere Preis in jedem Fall! Backtrennpapier oder Dauerbackfolie erleichtern das Backen aber auch bei beschichteten Blechen.

Ziemlich neu sind Bleche, bei denen der Teig aufgrund einer speziellen Beschichtung praktisch nicht mehr anhaftet und die deshalb superleicht zu reinigen sind. Einfach mit einem feuchten Tuch abwischen oder bestenfalls mit Wasser abspülen.

Abwechslung bringen eckige Springformen, die es rechteckig oder quadratisch und mit niedrigem oder hohem Rand gibt und die für interessante Tortenvariationen sorgen.

Spezialformen wie z.B. ein Muffinblech animieren dazu, trendiges Kleingebäck auszuprobieren.

Bevor Sie sich Spezialformen anschaffen: Gelegenheitsbäcker kommen gut mit einfachen, preiswerten Schwarzblechformen zurande. Wer eine Form gut einfettet und sie nach dem Backen sofort einweicht oder wer mit Backpapier, Dauerbackfolie oder einer Backmatte aus Silikon arbeitet, hat auch bei der Reinigung keine Probleme.

Backen in Kunststoff?

Nicht ganz billig, aber zu vertretbaren Preisen gibt es seit einiger Zeit alle möglichen Backformen aus flexiblem Silikon. Viele Hobbybäckerinnen sind nach anfänglicher Skepsis absolut begeistert davon. Die bunten Formen eignen sich für den heißen Backofen genauso gut wie für die Mikrowelle, den Grill oder die Gefriertruhe. Gebäck kann vorgebacken in der Form eingefroren werden und Sie können spontanen Besuch schnell mit frisch gebackenen Kuchen oder Teilchen überraschen.

Trotz des flexiblen Materials sind die Formen auch bei schweren Teigen in der Regel standfest und formtreu. Lediglich manche Kastenformen benötigen einen Verstärkungsring, damit der Kuchen gut in Form bleibt. Die Silikonformen sind säurefest und nehmen Kratzer nicht übel. Schneiden sollten Sie den Kuchen dennoch besser auf einer Platte. Er gleitet problemlos aus der Form, sogar ohne Einfetten. Die Reinigung der Formen ist unter fließendem Wasser äußerst einfach – außerdem sind sie spülmaschinengeeignet.

Die Backzeit liegt je nach Hersteller um ca. ein Drittel geringer bei gleichzeitig 20 Grad weniger Backtemperatur, die Formen sparen also Energie und Zeit. Der besondere Clou: Während herkömmliche Backformen meist viel Platz im Schrank beanspruchen, können Sie die Silikonformen zusammenknautschen und platzsparend in der hintersten Ecke verstauen. Ihre Form nehmen sie immer wieder an.

Das gehört auf ein Kuchenbuffet

Ungezwungen und locker soll die Kaffeestunde sein. Gäste und Gastgeber wollen sich nett unterhalten und sich Kaffee und Kuchen schmecken lassen. In eine solch heitere Atmosphäre passt ein Kuchenbuffet oft besser als eine formvollendete Kaffeetafel.

Kaffee und Tee gibt's am Tisch, den Kuchen holen sich die Gäste selbst. So wird die Gästerunde aufgelockert, es gibt keine feste Tischordnung und die Gäste kommen schon am Buffet miteinander ins Gespräch. Das Kuchenbuffet ist die ideale Möglichkeit, viele Gäste zu bewirten, vor allem dann, wenn Kinder mit von der Partie sind, die sowieso nicht gern am Platz sitzen.

Auch an schönen Sommertagen wird das Buffet am besten im Haus arrangiert, damit die Sahne nicht schmilzt und Wespen sich nicht auf den Obstkuchen setzen.

Eine bunte Mischung

Von der Traumtorte über leichtere Obsttorten bis hin zu Blechkuchen und einer schönen Schale mit Plätzchen: Was Sie anbieten, sollte eine gute Mischung aus mehreren Sorten sein. In jeder Familie gibt es Lieblingskuchen, oft nach überlieferten Rezepten, die auf keinem Buffet fehlen dürfen.

Ein Gugelhupf oder Kastenkuchen lässt sich wunderbar in dicke und dünne Stücke teilen, dekorativ auf Platten verteilen oder mit einem Messer auf das Buffet stellen, damit sich die Gäste selbst eine Scheibe abschneiden können. Und Kinder lieben Rührkuchen und Miniaturkuchen wie Muffins oder andere hübsch verzierte Küchlein, die sie am liebsten einfach aus der Hand essen. Legen Sie die Servietten am besten gleich dazu!

Wann welchen Kuchen backen?

Die Auswahl sollte so zusammengestellt werden, dass das Buffet gut vorbereitet werden kann. Bei den Vorbereitungen stehen alle Eistorten an erster Stelle, ebenfalls solche Kuchen, die Sie gut im Voraus komplett fertig machen und einfrieren können. Sie warten in der Kälte gut verpackt auf ihren Einsatz.

Als Nächstes wählen Sie solche Kuchen, die vor dem Verzehr unbedingt durchziehen müssen, damit sie ihren vollen Geschmack entfalten. Dazu gehören z.B. Kuchen mit Guss, Rührteige mit Aromen und auch die feine Sachertorte.

Cremetorten sollten etwa zwei Tage vorher zubereitet werden, damit sie mindestens einen Tag lang durchziehen können. Sahnetorten stellen Sie frühestens am Tag vor der Kaffeerunde fertig. Obstkuchen werden am Tag selbst frisch belegt. Die Böden der Sahne- und Obstkuchen lassen sich aber gut im Voraus backen und anschließend einfrieren.

Der Aufbau des Kuchenbuffets

Am Vortag bereiten Sie den Buffetaufbau vor. Am Festtag selbst werden dann nur noch die Kuchen hingestellt. Bei der Anordnung immer darauf achten, nur mit geringen Höhenunterschieden zu arbeiten, damit alle Kuchen fest stehen und beim Aufschneiden nicht wackeln oder gar vom Buffet herunterstürzen.

Das Buffet sollte so aufgebaut werden, dass die Gäste einfach geradeaus daran vorbeilaufen können. Für sehr viele Gäste sollte es von zwei Seiten zugänglich sein, am besten in der Mitte eines Raumes, damit sich die Gäste nicht in die Quere kommen.

Gibt es zum Kaffee nur Kuchen und Gebäck, das man locker aus der Hand essen kann, so werden auch Kaffeetassen mit Sahne und Zucker auf dem Buffet arrangiert. Der Kuchen steht dann besser separat, damit sich keine Schlange bildet, der Kaffee nicht überschwappt und sich die Gäste unkompliziert Kaffee oder Kuchen nachholen können.

Kuchenteller, Kuchengabeln und Servietten stellen oder legen Sie am besten direkt neben die Kuchen oder bei einer großen Kaffeegesellschaft auf einen Extra-Tisch.

Wenn das Kuchenbuffet nicht zu groß ist, werden auch Kaffeetassen sowie Sahne und Zucker auf dem Buffet nett arrangiert.

WIE VIELE KUCHEN MÜSSEN ES SEIN?

Rechnen Sie pro Person mindestens zwei normale Tortenstücke und ein halbes Stück extra. Plätzchen werden nicht mitgezählt. Sind Ihre Gäste ausgewiesene Kuchenliebhaber, rechnen Sie besser sofort drei Stücke Kuchen und insgesamt noch einige Stücke extra.

Bei der Mengenberechnung ist ebenfalls wichtig, ob das Kuchenbuffet das einzige Essen der Feier ist oder ob es vorher oder anschließend noch etwas anderes zu essen gibt. Wird der Kaffee kurz nach einem üppigen Mittagessen gereicht, sollten weniger Torten – dann reichen 1 ½ Stück pro Person – und dafür mehr Kleingebäck wie Plätzchen serviert werden.

Geht man nun von 40 Kaffeegästen aus und rechnet jeweils zwei Kuchenstücke pro Person, werden 80 Kuchenstücke benötigt. Das entspricht z.B. knapp 7 Torten mit jeweils 12 Stücken. Dazu pro Person noch ein halbes Stück als Reserve, das sind 20 Kuchenstücke zusätzlich. Für das Buffet brauchen Sie dann acht bis neun Torten.

Etwas anders sieht die Berechnung aus, wenn Blechkuchen und Rührkuchen dabei sind. Den Blechkuchen kann man in 20 bis 25 Stücke schneiden und die Kastenkuchen in 12 bis 16 Stückchen.

Bei der Kalkulation der Kuchenmenge werden normal große Kuchenstücke zugrunde gelegt – das sind bei einer Torte mit einem Durchmesser von 28 cm 12 bis 16 Stück. Auf dem Buffet jedoch sollten die Kuchen möglichst noch kleiner geschnitten werden. Denn die Gäste probieren lieber mehrere Kuchen, dafür aber kleinere Stücke. Ein Tortenteiler, den es für verschieden große Kuchenstücke gibt, ist hierbei sehr hilfreich. Damit lassen sich die Stücke „anzeichnen", die sich die Gäste auch selbst abschneiden können.

Serviertipps

Beginnen Sie mit den vorbereiteten Blechkuchen und festen Kuchen, die auf Platten nett angerichtet oder geschichtet werden. Die Kuchen sollten dabei nicht zu eng stehen. Cremetorten bekommt es nicht gut, wenn sie direkt aus dem Kühlschrank serviert werden; sie schmecken am besten bei Zimmertemperatur. Holen Sie die Cremetorten deshalb schon am Morgen aus dem Kühlschrank. Den häufig dringend benötigten Platz können Sie dann besser zum Kühlstellen der Schlagsahne nutzen.

Obstkuchen können frisch zubereitet auf das Buffet gestellt werden. Zu Obstkuchen oder festem Kuchen gehört natürlich auch eine große Schüssel mit geschlagener Sahne, die direkt daneben oder ganz separat steht. Ist das Wetter sehr warm, stellen Sie die Schüssel mit der Sahne in eine Schale mit kaltem Wasser und geben Sie Eiswürfel und einige Blütenblätter dazu.

Sahnetorten werden direkt aus dem Kühlschrank auf das Buffet gestellt, sie werden also erst geschnitten und aufgestellt, kurz bevor die Gäste kommen. Eistorten werden etwa eine Stunde im Voraus aus der Gefriertruhe genommen, so lassen sie sich auch gut schneiden.

Schneiden Sie die einzelnen Kuchen in der Küche nicht sofort ganz auf. Länger schön bleiben die Torten, wenn sie nur zu zwei Dritteln aufgeschnitten werden. Denken Sie auch an eine ausreichende Zahl Tortenheber und Gebäckzangen!

Tolle Torten

Brandteigfruchttorte *mit einer Mascarpone-Quark-Füllung, hier kombiniert mit Erdbeeren (Rezept auf Seite 16).*

Feine Torten sind der Renner auf jedem Kuchenbuffet. Ob mit Buttercreme, Sahne oder Quarkcreme gefüllt, in Verbindung mit leckerem Obst oder mit Schokolade und Kaffee variiert – bei diesen Rezepten lohnt sich die Mühe auf jeden Fall!

Amaretto-Torte

Monika Feldmann, 48720 Rosendahl

Nussbiskuit:
3 Eier,
1 EL Wasser,
75 g Zucker,
1 Päckchen Vanillezucker,
50 bis 60 g gemahlene Nüsse,
50 bis 60 g Mehl,
1/2 TL Backpulver;
Mokkabiskuit:
3 Eier,
75 g Zucker,
1 Päckchen Vanillezucker,
50 bis 60 g Mehl,
25 g Mondamin,
1/2 TL Backpulver,
1 EL lösliches Kaffeepulver,
1 EL heißes Wasser;
Füllung:
1/2 l Milch,
1 Päckchen Mandelpuddingpulver,
250 g Butter,
4 bis 6 EL Amaretto,
ca. 200 g Aprikosenmarmelade,
1 Paket Marzipan,
4 bis 5 EL Puderzucker,
1 bis 2 EL Rum,
200 g Zartbitter-Kuvertüre

AUS DEN JEWEILIGEN ZUTATEN einen Nuss- und einen Mokkabiskuitteig zubereiten und die Böden im vorgeheizten Backofen bei 180 Grad ca. 20 Minuten backen. Die Tortenböden auskühlen lassen.
FÜR DIE BUTTERCREMEFÜLLUNG aus Milch und Puddingpulver einen Pudding kochen. Unter Rühren erkalten lassen. Die Butter mit dem Amaretto-Likör schaumig rühren, den Pudding nach und nach unterrühren. Beide Biskuitböden jeweils einmal waagerecht durchschneiden und mit der Buttercreme zusammensetzen. Etwa 6 EL Buttercreme zurücklassen. Zwischen den Nussbiskuit und den Mokkabiskuit Aprikosenmarmelade streichen und aufeinander legen. Die Torte oben und am Rand dünn mit der restlichen Buttercreme bestreichen.
MARZIPAN mit Puderzucker und Rum verkneten, dünn ausrollen und die Torte damit bedecken. Kuvertüre schmelzen und die Torte damit überziehen. Die Torte 3 Tage durchziehen lassen.

Amaretto-Torte: *Zwei Schichten Nuss- und Mokkabiskuit werden mit Buttercreme gefüllt und mit Schokolade überzogen.*

Beschwipste Johanna

Regina Große Osterholt, 48329 Havixbeck

Boden:
2 dünne Biskuitböden;
Füllung:
1/2 l trockener Weißwein,
250 g Zucker,
4 Eigelb,
2 EL Speisestärke,
8 Blatt Gelatine,
500 g rote Johannisbeeren, gewaschen und entstielt,
500 g Sahne;
Zum Garnieren:
125 g Sahne,
1 TL Vanillezucker,
Eierlikör,
20 Johannisbeeren, gewaschen und entstielt,
weiße Schokoladenraspel

DEN WEISSWEIN mit dem Zucker zum Kochen bringen. In der Zwischenzeit Eigelb mit Speisestärke und wenig Wasser verrühren. Die Gelatine in kaltem Wasser einweichen. Den Topf vom Herd nehmen und den Weißwein mit der Eigelb-Stärke-Mischung binden. Gelatine ausdrücken und in der heißen Masse unter Rühren auflösen. Die Masse im Eiswasserbad gelegentlich rühren, bis sie beginnt fest zu werden.
EINEN BISKUITBODEN mit dem Tortenring umschließen. Sahne steif schlagen und unter die kalte Weincreme heben. Die vorbereiteten Früchte vorsichtig unter 3/4 dieser Creme heben und in den Tortenring füllen.

Den zweiten Boden auflegen, restliche Creme darauf verteilen und glatt streichen. Torte kalt stellen.
FÜR DIE DEKORATION Sahne mit Vanillezucker steif schlagen und in einen Spritzbeutel mit kleiner Sterntülle füllen. Auf jedes Stück ein kleines Herz und Schlangenlinien aufspritzen. Herzen mit Eierlikör füllen und mit Johannisbeeren garnieren. Mit Schokoraspeln bestreuen.

Brandteigfruchttorte

Margret Schwager, 24409 Stoltebüll

Boden:
65 g Butter,
1 Prise Salz,
1/4 l Wasser,
150 g Mehl,
5 Eier;
Füllung:
250 g Himbeeren, evtl. TK-Früchte,
5 Blatt weiße Gelatine,
250 g Mascarpone,
250 g Magerquark,
1 Päckchen Vanillezucker,
Saft von 1/2 Zitrone,
75 g Zucker,
400 g Sahne,
100 ml Eierlikör,
1 EL Puderzucker

Für den Boden das Fett mit Salz und Wasser aufkochen. Mehl auf einmal hineinschütten und so lange rühren, bis sich der Kloß vom Topfboden löst. Topf vom Herd nehmen und nach und nach die 5 Eier unterrühren. Den Teig in einen Spritzbeutel (Lochtülle) füllen. Mit dem Teig spiralförmig zwei runde Böden auf Backpapier spritzen. Etwa 1 cm Abstand innerhalb der Spiralen lassen, damit der Teig aufgehen kann. Im vorgeheizten Backofen bei 175 Grad ca. 15 Minuten backen.
Für die Füllung die Himbeeren vorbereiten, TK-Himbeeren auftauen lassen. 3 Blatt Gelatine einweichen. Mascarpone, Quark, Vanillezucker, Zitronensaft und Zucker verrühren. Ausgedrückte Gelatine mit Himbeersaft oder Wasser vorsichtig erwärmen, darin auflösen und unter die Creme heben. Himbeeren unterziehen. Fruchtcreme auf einen Boden streichen und kühl stellen.

Restliche Gelatine einweichen. Sahne steif schlagen. Gelatine ausdrücken, auflösen und mit dem Eierlikör verrühren. Likör unter die Sahne rühren. Eierlikörsahne auf die Himbeercreme streichen. Zweiten Boden als Deckel auf die Torte setzen und leicht andrücken.
Mit Puderzucker bestäubt servieren.

In Etappen gefertigt schmeckt die **Drei-Tage-Torte** *am besten.*

Drei-Tage-Torte

Elke Schroeder, 23909 Bäk

Boden:
200 g Halbbitter-Kuvertüre,
9 Eier,
80 g Zucker;
Erste Füllung:
150 g weiche Butter,
80 g Puderzucker,
4 EL Rum,
15 bis 20 Löffelbiskuits,
8 EL Orangensaft;
Zweite Füllung:
500 g Sahne,
2 Päckchen Vanillezucker,
Schokoladenraspel

Am ersten Tag den Boden zubereiten. Dafür die Kuvertüre zerkleinern und im Wasserbad vorsichtig schmelzen lassen. Die Eier trennen, 3 Eigelb für die Füllung abgedeckt in den Kühlschrank stellen. Die restlichen 6 Eigelbe mit 40 g Zucker schaumig schlagen, flüssige Kuvertüre unterrühren. Das Eiweiß mit 40 g Zucker steif schlagen und unter die Eigelbmasse heben. Schaummasse in eine mit Backpapier ausgelegte Springform (26 cm) füllen, glatt streichen und im vorgeheizten Backofen bei 150 Grad Umluft ca. 40 bis 45 Minuten backen. Aus der Form nehmen und über Nacht abkühlen lassen.
Am zweiten Tag für die erste Füllung die Butter mit dem Puderzucker cremig rühren. Die 3 Eigelb nach und nach mit dem Rum unterrühren. Diese Creme auf den Boden streichen. Die Löffelbiskuits mit der Zuckerschicht nach oben darauf legen und gleichmäßig mit dem Orangensaft beträufeln. Alles abgedeckt eine Nacht kalt stellen.
Am dritten Tag für die zweite Füllung die Sahne mit dem Vanillezucker steif schlagen und auf die Biskuits streichen. Eventuell restliche Löffelbiskuits zerbröseln und mit Schokoraspeln auf die Sahne streuen.

Tipp: Die Torte kann auch an einem Tag zubereitet werden. Sie schmeckt aber besser, wenn sie an 3 Tagen nacheinander hergestellt wurde.

Erdbeer-Tiramisu-Torte

Martha Kalhammer, 84364 Bad Birnbach

Boden:
2 Eier,
75 g Zucker,
1 Päckchen Vanillezucker,
75 g Mehl,
25 g Stärkemehl,
1 TL Backpulver;
Zum Tränken:
1/4 l frisch gepresster Orangensaft,
je nach Süße der Orangen 1 EL Zucker,
1 EL Orangenlikör;
Füllung:
250 g Mascarpone,
150 g Magerquark,
50 g Zucker,
1 EL Orangenlikör,
250 g Sahne,
1 Päckchen Sahnesteif,
500 g Erdbeeren,
1 Paket Löffelbiskuits

FÜR DEN BODEN Eier mit Zucker und Vanillezucker schaumig schlagen. Mehl, Stärke und Backpulver vermischen und unterheben. In einer gefetteten Springform im vorgeheizten Backofen bei 180 Grad ca. 20 Minuten backen. Um den erkalteten Boden einen Tortenring legen.

Zum Tränken den Orangensaft mit Zucker und Orangenlikör so lange rühren, bis sich der Zucker gelöst hat. Mit ca. 1/3 der Flüssigkeit den Boden tränken.

FÜR DIE CREME Mascarpone, Quark, Zucker und Orangenlikör verrühren. Sahne mit Sahnesteif steif schlagen und unterheben. Klein geschnittene Erdbeeren unterheben. Die Hälfte der Creme auf den getränkten Boden streichen und mit den Löffelbiskuits belegen. Diese mit der restlichen Flüssigkeit beträufeln und mit der restlichen Creme bestreichen. Torte über Nacht kalt stellen.

Himbeer-Mascarpone-Torte

Nadia Gasser, A-9071 Köttmannsdorf

Boden:
150 g Butter,
125 g Zucker,
1 Prise Salz,
4 Eigelb,
3 EL Eierlikör,
150 g Mehl,
2 TL Backpulver;
Belag:
4 Eiweiß,
1 Prise Salz,
200 g Zucker,
Mandelblättchen;
Füllung:
500 g Mascarpone,
250 g Sauerrahm,
3 Päckchen Vanillezucker,
50 g Zucker,
Saft und Schale von 1/2 Zitrone,
2 Päckchen Sahnesteif,
250 g frische oder TK-Himbeeren;
Zum Garnieren:
Puderzucker,
frische Himbeeren und Minzeblättchen nach Belieben

FÜR DEN BODEN Butter und Zucker sehr schaumig rühren, 1 Prise Salz dazugeben, 4 Eigelb und den Eierlikör unterrühren. Mehl mit Backpulver vermischen und unterheben, in 2 mit Backpapier ausgelegte Springformen geben. Aus dem Eiweiß mit Salz und Zucker einen sehr festen Eischnee schlagen, auf den Teig wellig aufstreichen. Mit Mandelblättchen bestreuen und im Backofen bei 150 Grad Umluft ca. 30 Minuten backen.

FÜR DIE CREMEFÜLLUNG Mascarpone mit Sauerrahm und Sahnesteif ca. 1/2 Minute verrühren. Die übrigen Zutaten dazugeben und zu einer Creme rühren. Creme auf einen Boden streichen, dann die vorbereiteten Himbeeren darauf verteilen. Den zweiten Boden auflegen und die Torte mit Puderzucker bestreuen. Kühl stellen. Evtl. mit frischen Himbeeren und Minzeblättchen garnieren.

TIPP: Auch Pfirsiche passen sehr gut zur Mascarpone-Torte.

Erfrischend fruchtig und überdies eine Augenweide ist die Himbeer-Mascarpone-Torte.

Mit dicken Sahnetupfen garniert und Kakao bestäubt: **Kaffee-Torte mit Cognac-Creme,** *hier mit dunklen Böden.*

Kaffee-Torte mit Cognac-Creme

Rosmarie Hartmann, 94575 Windorf

Boden:
2 EL Instant-Kaffeepulver,
6 Eier,
200 g Zucker,
1 Päckchen Vanillezucker,
125 g Mehl,
1 TL Backpulver,
75 g Speisestärke;
Füllung:
4 EL Instant-Kaffeepulver,
3 EL Puderzucker,
6 Blatt weiße Gelatine,
4 Eigelb,
3 EL Zucker,
2 EL Zitronensaft
100 ml Cognac,
300 g Sahne;
Zum Garnieren:
Mandelblättchen,
Schokoladen-Mokkabohnen,
Kakaopulver

FÜR DEN BODEN das Kaffeepulver in wenig heißem Wasser auflösen. Die Eier trennen. Aufgelöstes Kaffeepulver mit dem Eigelb, 100 g Zucker und Vanillezucker schaumig rühren. Eiweiß mit dem restlichen Zucker sehr steif schlagen und auf die Kaffeemasse geben. Mehl mit Backpulver und Speisestärke vermischen, darübersieben und locker unter den Teig heben. Teig in eine mit Backpapier ausgelegte Springform füllen und im vorgeheizten Backofen bei 175 Grad 30 bis 35 Minuten backen. Auf ein Kuchengitter stürzen und über Nacht ruhen lassen. Den Tortenboden zweimal waagerecht durchschneiden.
FÜR DIE FÜLLUNG das Kaffeepulver in 75 ml heißem Wasser auflösen, mit Puderzucker verrühren und die Böden damit tränken. Gelatine einweichen. Eigelb mit Zucker, Zitronensaft und Cognac im heißen Wasserbad sehr schaumig aufschlagen. Gelatine ausdrücken, bei schwacher Hitze unter Rühren auflösen.
2 EL der warmen Eigelbcreme unter die Gelatine rühren. Nach und nach die restliche Creme unterziehen. Creme kühl stellen, bis sie halbfest ist. Dann die steif geschlagene Sahne unterheben.
BÖDEN mit der Hälfte der Creme bestreichen und aufeinander setzen. Von der zweiten Hälfte der Creme etwas in einen Spritzbeutel mit Lochtülle geben. Mit der restlichen Creme die Torte rundherum bestreichen und mit dem Spritzbeutel 16 Tupfen auf den Tortenrand setzen. Mokkabohnen in die Tupfen stecken Tortenränder mit gerösteten Mandelblättchen verzieren und die Torte mit Kakaopulver bestäuben.

Mignontorte

Christel Gärtner, 59597 Erwitte-Schallern

Boden:
250 g Mehl,
125 g Butter,
65 g Zucker,
1 Ei,
1 TL Backpulver;
Füllung:
Saft von 1 Orange,
Saft von 1 Zitrone,
125 ml Weißwein,
4 Eigelb,
125 g Zucker,
1 Päckchen Vanillezucker,
30 g Stärkemehl,
125 g Butter,
50 g Puderzucker;
Guss:
Saft von 1 Zitrone,
150 g Puderzucker

FÜR DEN BODEN aus den angegebenen Zutaten einen Mürbeteig kneten und 30 Minuten ruhen lassen. Backofen auf 200 Grad vorheizen und 3 Springformböden (28 cm) mit Backpapier auslegen. Den Teig darauf verteilen und im Backofen bei heruntergestellter Temperatur (160 Grad) ca. 15 bis 20 Minuten backen.
FÜR DIE CREME Orangen- und Zitronensaft mit Wein, Eigelb, Zucker, Vanillezucker und Stärkemehl glatt verrühren. Alles unter Rühren kurz aufkochen und sofort kaltschlagen. Die Butter mit dem Puderzucker cremig verrühren und unter die Masse rühren.
EINEN BODEN mit der Hälfte der Creme bestreichen. Mit dem zweiten Boden bedecken und der restlichen Creme bestreichen. Letzten Boden auflegen und die Torte abgedeckt 2 bis 3 Tage kühl stellen. Einige Stunden vor dem Verzehr Puderzucker und Zitronensaft glatt verrühren und die Torte damit überziehen.

ANMERKUNG DER REDAKTION: 75 g Puderzucker und der Saft einer halben Zitrone reichen als Guss.

Mousse au Chocolat-Torte

Walburga Büchler, 86316 Friedberg

Boden:
4 Eier,
100 g Zucker,
1 Päckchen Vanillezucker,
100 g Mehl,
1 gestrichener TL Backpulver,
1 EL Kakao;
Vollmilchmousse:
200 g Vollmilchkuvertüre,
2 Eier,
2 Blatt Gelatine,
2 TL Weinbrand,
400 g Sahne;
Weiße Mousse:
200 g weiße Kuvertüre,
2 Eier,
4 Blatt Gelatine,
2 TL Himbeergeist,
400 g Sahne;
Zum Garnieren:
etwas geschlagene Sahne,
Vollmilchschokolade

FÜR DEN BISKUITBODEN die Eier trennen. Das Eiweiß steif schlagen, Zucker und Vanillezucker einrieseln lassen, Eigelb hinzufügen. Mehl, Backpulver und Kakao darübersieben und unterheben. Im vorgeheizten Backofen bei 175 Grad backen.
FÜR DIE VOLLMILCHMOUSSE die Kuvertüre im Wasserbad oder in der Mikrowelle schmelzen. Die Eier im Wasserbad aufschlagen. Eingeweichte Gelatine ausdrücken und unter die Eier rühren und auflösen. Weinbrand und Kuvertüre hinzugeben. Sahne steif schlagen und ca. 1/3 davon unterrühren, den Rest vorsichtig unterheben. Die weiße Mousse auf die gleiche Art herstellen.
DEN BISKUITBODEN in einen Tortenring (28 cm) geben, zuerst die dunkle, dann einen Teil der weißen Mousse darauf streichen. Mit einem Esslöffel durchziehen, so dass eine Marmorierung entsteht. Den Rest der weißen Creme obenauf geben und Torte 2 bis 3 Stunden kalt stellen. Vorsichtig aus dem Ring lösen und mit Sahne und Schokospänen dekorieren.

Nuss-Sahne-Torte

Marie-Theres Schulze Hilbt, 46342 Velen

Mürbeteigboden:
50 g Puderzucker,
100 g Butter,
150 g Mehl,
1 Päckchen Vanillezucker,
einige Tropfen Backöl Zitrone;
Nussbiskuit:
6 Eier,
170 g Zucker,
5 EL kochendes Wasser,
1 Päckchen Vanillezucker,
100 g geriebene Nüsse,
50 g gehackte Nüsse,
100 g Mehl,
1 Messerspitze Zimt;
Erste Füllung:
250 g Sahne,
100 g Blockschokolade,
1 Schnapsglas Rum;
Zweite Füllung:
400 g Sahne,
3 Blatt Gelatine,
1 Päckchen Vanillezucker,
50 g Haselnusskrokant;
Außerdem:
1 bis 2 EL Preiselbeermarmelade,
100 g Marzipanrohmasse,
50 g Puderzucker;
Zum Garnieren:
200 g Sahne,
1 Päckchen Vanillezucker,
2 Blatt Gelatine,
16 Walnusshälften,
etwas Schokoladenglasur

FÜR DEN MÜRBETEIGBODEN alle Zutaten miteinander verkneten. Teig 1/2 Stunde kalt stellen, anschließend ausrollen und auf dem Boden einer ungefetteten Springform (28 cm) im vorgeheizten Backofen bei 200 Grad

Was drin ist, ist auch drauf: **Nuss-Sahne-Torte,** *dekoriert mit Sahne, Krokant und ganzen Haselnüssen.*

etwa 10 bis 12 Minuten abbacken.
FÜR DEN BISKUIT die Eier trennen. Eigelb mit 120 g Zucker, dem Vanillezucker und dem kochenden Wasser schaumig schlagen. Eiweiß mit dem restlichen Zucker sehr steif schlagen, unter die Eigelbmasse heben. Nüsse, Mehl und Zimt hinzugeben und unterheben. Biskuit bei 175 Grad 40 bis 45 Minuten abbacken. Nach dem Erkalten den Nussbiskuit dreimal durchschneiden.
FÜR DIE ERSTE FÜLLUNG 50 g Sahne in einen Topf geben und kurz aufkochen lassen. Blockschokolade klein brechen und unter Rühren damit verrühren, bis sie aufgelöst ist. Nicht kochen lassen! Den Rum unterrühren und alles erkalten lassen. Die kalte Masse schaumig rühren, restliche Sahne steif schlagen und unterheben.
FÜR DIE ZWEITE FÜLLUNG die Sahne mit Vanillezucker steif schlagen und mit der eingeweichten und aufgelösten Gelatine verrühren. 4 EL Sahne davon abnehmen, unter den Rest der Sahne den Haselnusskrokant heben.

Marzipanrohmasse mit dem Puderzucker verkneten und zwischen 2 Backfolien ausrollen (Durchmesser 28 cm).
DEN MÜRBETEIGBODEN mit etwas Preiselbeermarmelade bestreichen und eine Biskuitscheibe auflegen. Einen Tortenring herumlegen und etwas Preiselbeermarmelade ebenfalls auf den Biskuitboden geben, mit dem Marzipanboden bedecken. 4 EL Sahne darüber verstreichen und mit der zweiten Lage Nussbiskuit bedecken. Mit Schokoladensahne füllen und eine weitere Scheibe Nussbiskuit schichten. Darüber Krokantsahne verstreichen, die letzte Scheibe Nussbiskuit auflegen und etwas andrücken. Anschließend die Torte kalt stellen.

ZUM GARNIEREN die Sahne mit dem Vanillezucker steif schlagen und mit der eingeweichten und aufgelösten Gelatine verrühren. Die Torte damit bestreichen und nach Belieben verzieren. Mit gemahlenen Nüssen bestreuen. Jedes Tortenstück mit ganzen Nüssen oder einer je zur Hälfte in Schokoladenglasur getauchten Walnusshälfte garnieren.

ANMERKUNG DER REDAKTION:
Die Torte ist zwar recht aufwändig, aber die Mühe lohnt.

Omas Geburtstagstorte

Maria Roling, 49744 Osterbrock

Mürbeteigboden:
80 g Mehl,
20 g Puderzucker,
60 g Butter oder Margarine;
Biskuitboden:
2 Eier,
50 g Zucker,
60 g Mehl;
Erste Füllung:
200 g Schokolade,
500 g Sahne,
1 Tüte Kaffeeextrakt
(z.B. Jacobs Cafe Zauber)
1/8 l Milch,
1/2 Päckchen gemahlene Gelatine;
Zweite Füllung:
500 g Joghurt, halbfett (1,5 Prozent),
Zucker und Zitrone nach Geschmack,
2 1/2 Päckchen weiße Gelatine,
200 g gesüßte und abgetropfte Himbeeren,
500 g Sahne;
Außerdem:
etwas Himbeermarmelade

FÜR DEN MÜRBETEIG die Zutaten miteinander verkneten, ausrollen und bei 200 Grad etwa 10 Minuten backen. Für den Biskuit Eier und Zucker schaumig schlagen, gesiebtes Mehl unterheben und Biskuit im vorgeheizten Backofen bei 175 Grad etwa 15 Minuten backen.

Mürbeteigboden mit Himbeermarmelade bestreichen und den Biskuitboden darauflegen. Mit einem Tortenrand umschließen.
Für die dunkle Sahne die Schokolade mit der Sahne unter Rühren aufkochen lassen. Sahne kalt stellen und am nächsten Tag aufschlagen. Kaffeepulver in der Milch auflösen. Gelatine nach Vorschrift auflösen und zugeben. Wenn die Masse zu gelieren beginnt, die Schokosahne damit verrühren. Diese Masse, bis auf einen kleinen Teil zum Garnieren, auf den Biskuitboden streichen.
Für die helle Masse den Joghurt mit Zucker und Zitrone nach Geschmack verrühren. Gelatine nach Vorschrift auflösen und unter die Joghurtmasse rühren. Himbeeren hinzugeben und, wenn die Masse beginnt fest zu werden, die steif geschlagenen Sahne unterheben. Himbeersahne über die Schokosahne streichen und im Kühlschrank fest werden lassen. Anschließend mit dem Rest der Schokosahne verzieren.

Piña-Colada-Torte

Melanie Wiesend, 92280 Kastl

Boden:
4 Eier,
180 g Zucker,
4 EL Kokoslikör (z.B. Batida de Coco),
1 Päckchen Vanillezucker,
180 g Mehl,
1 EL Kakao,
1/2 Päckchen Backpulver;
Zum Tränken:
Kokoslikör (z.B. Batida de Coco) oder Ananassaft;
Füllung:
250 g Quark, 200 g Frischkäse,
1 Dose Kokosnusscreme (Creme of Coconut),
8 Blatt Gelatine,
1/8 l Ananassaft,
800 g Sahne,
1 Dose Ananas (in Stückchen);
Guss:
1/2 l Ananassaft,
evtl. 1-2 EL Zucker,
2 Päckchen Tortenguss, klar;
Zum Garnieren:
geröstete Kokosraspel

Für den Boden aus den Zutaten einen Biskuit herstellen, auskühlen lassen. Boden einmal waagerecht durchschneiden und nach Belieben mit Ananassaft oder Kokoslikör tränken.
Für die Füllung Quark, Frischkäse und die gut schaumig gerührte Kokosnusscreme verrühren. Die Ananas abgießen, dabei den Saft auffangen. Gelatine einweichen und in 1/8 l erwärmtem Ananassaft auflösen. Etwas abkühlen lassen und vorsichtig unter die Quarkmasse mengen. Sahne steif schlagen und ebenfalls unterheben. Zwei Drittel der Quarkmasse mit den abgetropften Ananasstücken vermischen; dabei einige Stücke zum Verzieren zurücklassen. Einen Tortenring um den Biskuitboden legen. Sahnemasse auf den ersten Boden geben und glatt streichen. Zweiten Boden auflegen und mit der restlichen Quarksahne bestreichen. Die Torte ca. 1 Stunde kühl stellen.

Für die Piña-Colada-Torte können Sie auch gut frische Ananas verwenden.

Schnell und unkompliziert und doch eine echte Festtagstorte: **Pralinétorte** *mit Schokospänen.*

ANANASSAFT mit Tortenguss andicken, ca. 5 Minuten abkühlen lassen, anschließend gleichmäßig über die Torte gießen. Torte kalt stellen und nach Belieben mit Sahne, den restlichen Ananasstücken und evtl. mit angerösteten Kokosraspeln garnieren.

TIPP: Verwenden Sie eine Flasche Ananassaft und ergänzen Sie mit dem Saft aus der Dose.

Pralinétorte

Dagmar Loesing, 26844 Pogum

Boden:
70 g Butter oder Margarine,
150 g Zucker,
4 Eier,
1/2 Päckchen Backpulver,
1 EL Stärkemehl,
100 g Schokoladenraspel,
100 g gemahlene Haselnüsse;
Füllung:
2 Tafeln Vollmilch-Schokolade,
1 Tafel Zartbitter-Schokolade,
1 Würfel Palmin,
800 g Sahne

FÜR DEN BODEN Butter mit Zucker, Eigelb, Backpulver und Stärkemehl verrühren. Danach Schokoladenraspel und Haselnüsse hinzugeben. Eiweiß steif schlagen, ebenfalls zufügen und unterheben. Den Teig in eine vorbereitete Springform geben und im vorgeheizten Backofen bei 180 Grad ca. 25 Minuten backen.
FÜR DIE FÜLLUNG die Schokolade mit dem Palmin in einem Topf vorsichtig schmelzen und wieder abkühlen lassen. Einen Tortenring um den gebackenen Kuchen legen. Sahne steif schlagen, mit der Schokolade vermischen und auf dem Boden verteilen.

Prinz-Torte

Agnes Schmidt, 86500 Kutzenhausen

Boden:
8 Eier,
200 g Zucker,
1 Päckchen Vanillezucker,
220 g Dinkelmehl,
2 Messerspitzen Backpulver;
Füllung:
1 Päckchen Sahne-Puddingpulver,
knapp 1/2 l Milch,
1 EL Zucker,
200 g Butter oder gute Margarine;
Außerdem:
1 Tasse Eierlikör,
1 Becher Schokoladenguss

FÜR DEN BODEN Eier, Zucker und Vanillezucker schaumig schlagen. Das Mehl mit dem Backpulver vermischen und darunterheben. Backofen auf 180 Grad vorheizen. 2 Tortenböden ohne Rand mit Backpapier belegen und aus dem Teig nacheinander 8 dünne Böden backen; jeder Boden braucht ca. 7 Minuten. Auskühlen lassen.
FÜR DIE CREME nach Vorschrift einen Pudding mit einem Esslöffel Zucker kochen und kaltrühren. Butter leicht schaumig schlagen und den Pudding esslöffelweise darunterrühren.

Jeden Boden mit etwas Eierlikör bestreichen, dann mit Buttercreme bestreichen und zu einer Torte zusammensetzen. Die Torte mit flüssiger Schokoladenglasur überziehen.

Tipp: Die Torte anstatt mit einer Vanillebuttercreme mit einer Schokoladenbuttercreme füllen.

Quarktorte mit Marzipanhaube

Anja Deitermann, 48629 Metelen

Boden:
4 Eier,
200 g Zucker,
4 EL heißes Wasser,
200 g Mehl,
1 Messerspitze Backpulver;
Füllung:
5 Blatt Gelatine,
250 g Sahne,
750 g Quark,
Zucker nach Geschmack,
4 EL Zitronensaft;
Außerdem:
4 bis 5 EL Aprikosenmarmelade;
Zum Garnieren:
1 1/2 Pakete Marzipanrohmasse,
150 g Puderzucker

Für den Biskuit Eiweiß steif schlagen, 50 g Zucker zugeben und weiter schlagen, bis der Zucker gelöst ist. Eigelb mit 150 g Zucker und Wasser schaumig rühren. Mehl mit Backpulver vermischen und unter die Eigelbmasse rühren; Eischnee unterheben. Teig in einer mit Backpapier ausgelegten Springform im vorgeheizten Backofen bei 160 Grad ca. 40 Minuten backen, auskühlen lassen. Boden zweimal waagerecht durchschneiden.
Für die Füllung Gelatine einweichen. Sahne steif schlagen und mit Quark, Zucker und Zitronensaft verrühren. Die aufgelöste Gelatine darunterrühren.
Den unteren Boden mit Aprikosenmarmelade bestreichen. Böden mit der Quarkmasse zusammensetzen, auch den Rand mit Quarksahne bestreichen.
Zum Garnieren Marzipanrohmasse mit Puderzucker verkneten, ausrollen. In der Größe einer Springform ausstechen, aus dem Rest einen Rand zuschneiden. Tortenrand mit dem Marzipanstreifen umlegen, danach den Kreis auflegen. Torte je nach Anlass verzieren.

Dünne Dinkelböden, hier gefüllt mit einer Schokoladen-Buttercreme, geben der Prinz-Torte die besondere Note.

Rhabarber-Erdbeer-Torte mit Vanille und Balsamico

Christina Richon, 68753 Waghäusel

Boden:
125 g Butter,
80 g Zucker,
1 Ei,
1 Prise Salz,
250 g Mehl,
1/2 Päckchen Backpulver;
Füllung:
800 g Rhabarber,
2 Vanilleschoten,
3 EL Balsamico-Essig,
60 g Zucker;
Streusel:
90 g Butter,
100 g Zucker,
110 g Mehl,
100 g geschälte, gemahlene Mandeln;
Sahnefüllung:
400 g Sahne,
2 Päckchen Bourbon-Vanillezucker,
1 Päckchen Sahnesteif;
Früchtegarnitur:
ca. 300 g Erdbeeren,
1 Päckchen Tortenguss, klar,
etwas Erdbeersaft

Am Tag vorher für die Füllung den Rhabarber putzen, waschen und schälen, anschließend in kleine Stücke schneiden. Die Vanilleschoten der Länge nach aufschneiden und das Mark herauskratzen. Mark mit dem Rhabarber vermischen. Balsamico-Essig und Zucker hinzugeben, alles miteinander vermischen und über Nacht marinieren.

Rhabarber-Erdbeer-Torte: *Unter den blättrig geschnittenen Erdbeeren verbirgt sich ein Rhabarberkuchen mit feinem Vanille- und Balsamico-Aroma.*

Für den Mürbeteig alle Zutaten miteinander verkneten und 30 Minuten kalt stellen. Die Rhabarberstücke abtropfen lassen und dabei den Saft auffangen.

Anschließend etwa 2/3 des Teiges ausrollen und eine mit Backpapier ausgelegte Springform (28 cm) damit auslegen. Aus dem restlichen Teig einen Rand formen. Rhabarberstücke auf den ungebackenen Teig legen.
Für die Streusel die Butter zerlassen und mit Zucker, Mehl und Mandeln verkneten. Streusel über die Rhabarberstücke streuen und den Kuchen im vorgeheizten Backofen bei 175 Grad 50 bis 60 Minuten backen. Kuchen 5 Minuten abkühlen lassen, dann aus der Form lösen und vollständig auskühlen lassen.
Für den Belag Sahne mit Vanillezucker und Sahnesteif steif schlagen. Auf den ausgekühlten Kuchen streichen. Erdbeeren waschen, abtropfen lassen und entkelchen, anschließend halbieren und auf die Sahne legen. Den aufgefangenen Rhabarber-Saft ggf. mit Erdbeersaft oder -nektar auf 1/4 l auffüllen und nach Geschmack süßen. Mit Tortenguss andicken und über die Erdbeeren verteilen. Torte kalt stellen.

Sachertorte

Karin Dreßler, 47506 Neukirchen-Vluyn

Boden:
100 g Vollmilchschokolade,
100 g Halbbitterschokolade,
250 g weiche Butter,
240 g Zucker,
1 Päckchen Vanillezucker,
1 Prise Salz,
6 Eier,
140 g Weizenmehl;
Füllung:
1 Glas Aprikosenkonfitüre,
100 g Halbbitterkuvertüre,
100 g Vollmilchkuvertüre;
Mantel:
150 g Marzipanrohmasse,
3 EL Puderzucker

Auch ohne Buttercreme- oder Sahnefüllung gehört die Sachertorte zu den besonderen Torten für festliche Anlässe.

Für den Boden Schokolade zerkleinern und schmelzen, anschließend etwas abkühlen lassen. Butter mit 80 g Zucker, Vanillezucker und Salz schaumig rühren. Eier trennen. Eigelb nacheinander unter die Butter-Zucker-Masse schlagen. Dann die aufgelöste Schokolade unterrühren. Eiweiß mit dem restlichen Zucker zu einem cremigen Eischnee schlagen (nicht steif schlagen!). Ein Drittel davon unter die Schokoladenmasse heben. Danach das Mehl über den restlichen Schnee sieben, beides vermengen und unter die Masse heben.

Den Boden einer Springform (26 cm) mit Backpapier auslegen, Papier einfetten. Teig hineinfüllen und im vorgeheizten Backofen bei 170 Grad 50 bis 55 Minuten backen.

In der Form auf einem Kuchengitter 1/2 Stunde abkühlen lassen. Dann den Tortenboden auf ein mit Pergamentpapier belegtes Kuchengitter stürzen und Backpapier abziehen. Tortenboden einmal waagerecht durchschneiden.

Für die Füllung Aprikosenkonfitüre durch ein Sieb streichen. Die Schnittfläche des oberen Bodens mit etwas Konfitüre bestreichen. Unteren Tortenboden mit der Schnittfläche darauf setzen. Torte rundherum mit restlicher Konfitüre bestreichen, etwas antrocknen lassen.
Für den Mantel Marzipanrohmasse und Puderzucker verkneten und zwischen zwei Lagen Folie rund ausrollen (30 cm). Marzipanplatte mit Hilfe der unteren Folie auf die Torte legen und am Tortenrand etwas festdrücken. Aufgelöste Kuvertüre von der Mitte aus auf die Tortenoberfläche gießen und gleichmäßig rundherum verstreichen.
Ca. 1/2 Stunde trocknen lassen.
Nach Wunsch mit Kakao bestäuben.

Sauerrahmtorte

Karola Zieffle, 74564 Crailsheim

Boden:
200 g Butter oder Margarine,
280 g Zucker,
6 Eier,
280 g Mehl,
1 Päckchen Backpulver,
bis zu 4 EL Milch,
ca. 40 g Kakao;
Füllung:
450 g Sauerrahm,
3 Päckchen Vanillezucker;
Zum Garnieren:
etwa 150 g Schokoladenguss oder Kuvertüre

FÜR DEN RÜHRTEIG Butter und Zucker schaumig rühren, die Eier nach und nach dazugeben. Mehl und Backpulver vermischen und unter den Teig rühren. Wenn der Teig zu schwer wird, bis zu 4 EL Milch nach und nach unterrühren.

Den Rührteig anschließend teilen. Eine Hälfte des Teiges in einer gefetteten Springform im vorgeheizten Backofen bei 180 Grad ca. 20 bis 30 Minuten backen.

Unter die andere Teighälfte den Kakao rühren, evtl. noch etwas Milch dazugeben. Dunklen Teig ebenfalls in einer gefetteten Springform abbacken.

Beide Böden auskühlen lassen. Anschließend jeden Boden waagerecht durchschneiden, so dass insgesamt 4 oder 6 Böden entstehen. FÜR DIE FÜLLUNG den Sauerrahm mit dem Vanillezucker verrühren. Die Böden abwechselnd übereinander schichten (weiß, schwarz, weiß, schwarz), dazwischen jeweils einen Teil des Sauerrahms streichen. Die Torte anschließend mit einem zartbitteren Schokoladenguss oder Kuvertüre überziehen und kühl stellen.

TIPP: Die Torte schmeckt am besten, wenn sie 5 Tage durchziehen kann.

Schwarz-weiß geschichtete Sauerrahmtorte, zur Abwechslung mit einem Guss aus Fruchtsaft obenauf.

Schwarzbrottorte

Margarete Borchers, 27232 Sulingen

Boden:
250 g Schwarzbrot,
7 bis 8 Eier,
230 g Zucker,
180 g gemahlene Mandeln,
gut 1 TL Backpulver;
Füllung:
1 Glas Preiselbeeren,
750 g Sahne

FÜR DEN BODEN das Schwarzbrot entrinden und im Mixer zerkleinern. Eier trennen; Eiweiß mit dem Zucker sehr steif schlagen, das Eigelb unterziehen. Brot, Mandeln und Backpulver vermischen und unterheben. Den Teig in eine mit Pergamentpapier ausgelegte Springform füllen und im vorgeheizten Backofen bei 200 Grad 30 bis 45 Minuten backen. Den ausgekühlten Boden waagerecht durchschneiden. FÜR DIE FÜLLUNG die Sahne steif schlagen. Torte mit Preiselbeeren und zwei Dritteln der Sahne füllen. Die Torte rundherum mit der restlichen Sahne bestreichen. Nach Belieben mit Sahnetupfen und Schokospänen garnieren.

Unwiderstehliche Traumtorte

Trudi Geurden, 47839 Krefeld

Boden:
125 g Butter,
100 g Zucker,
3 Eier,
1 Päckchen Vanillezucker,
1 Messerspitze Backpulver,
150 g grob gehackte Nüsse;
Zum Bestreichen:
100 g Zartbitterkuvertüre;
Belag:
1 Packung Rohmarzipan,
etwas Puderzucker,
etwas Kirschwasser,
1 Glas Sauer- oder Süßkirschen bzw. TK-Kirschen,
Zucker nach Geschmack,
etwas Stärkepulver,
250 g Sahne,
Schokoblätter oder Schokoraspel

FÜR DEN RÜHRTEIGBODEN die Eier trennen, Eiweiß zu steifem Schnee schlagen. Butter mit Zucker, Eigelb und Vanillezucker schaumig schlagen. Das Backpulver mit den Nüssen vermischen und zusammen mit dem Eischnee unterheben. Teig in eine gefettete Springform füllen und im vorgeheizten Backofen bei 175 Grad ca. 30 bis 40 Minuten backen.

Den Boden erkalten lassen und mit der aufgelösten Kuvertüre bestreichen.

FÜR DEN BELAG das Marzipan auf etwas Puderzucker ausrollen und den Boden damit belegen, mit Kirschwasser beträufeln.

Kirschen und Saft mit Stärke binden, eventuell mit Zucker süßen. Auf dem Kuchen verteilen und abkühlen lassen. Sahne steif schlagen. Torte mit Sahne überziehen und mit Schokoblättern verzieren.

Die Unwiderstehliche Traumtorte kann auch mit frischen Kirschen und dicken Sahnetupfen am Rand verziert werden.

Wintertorte

Bettina Ahlrichs-Bölck, 24640 Schmalfeld

Boden:
125 g Butter,
100 g Zucker,
2 Eier,
70 g Mehl,
70 g Speisestärke,
1 TL Backpulver,
1 Packung dunkle Kuchenglasur,
150 ml Sahnelikör (z.B. Baileys);
Füllung:
500 g Sahne,
6 Baiserschalen;
Zum Garnieren:
Kakao,
Haselnusskrokant

FÜR DEN BODEN Butter und Zucker cremig schlagen, Eier nacheinander unterrühren. Mehl, Speisestärke und Backpulver unterrühren. In eine gefettete Springform (26 cm) füllen. Im vorgeheizten Backofen bei 150 Grad 30 Minuten backen.
KUCHENGLASUR schmelzen. Unterseite des abgekühlten Tortenbodens damit bestreichen. Glasur trocknen lassen und den Boden mit der Schokoladenseite nach unten auf eine Tortenplatte setzen. Oberseite mit einer Gabel mehrmals einstechen und mit 150 ml Sahne-Likör beträufeln. Tortenboden über Nacht durchziehen lassen.
FÜR DIE FÜLLUNG Sahne steif schlagen und auf den Boden verteilen. Baiserschalen grob zerbröseln und auf der Sahne verteilen. Nach Geschmack die Torte mit etwas gesiebtem Kakao und Haselnusskrokant bestreuen.

Fruchtig kombinierte **Zaubertorte** *mit Apfelsinenfilets belegt und Schokolade dekoriert.*

Mit Sahnelikör getränkte **Wintertorte:** *Auch gut mit etwas Kakao im Boden und einer dicken Schicht Schokospänen über der Sahne-Baiser-Schicht.*

Zaubertorte

Marianne Hastedt, 27404 Ostereistedt

Boden:
3 Eier,
3 EL Wasser,
75 g Zucker,
1 Päckchen Vanillezucker,
75 g Weizenmehl,
1/2 gestrichener TL Backin,
50 g gemahlene geröstete Mandeln,
50 g geriebene Zartbitterschokolade;
Erste Füllung:
1 Päckchen weiße Gelatine,
350 bis 400 ml frischer Orangensaft,
abgeriebene Schale von 1/2 unbehandelten Orange,
35 g Zucker,
400 g Sahne;
Zweite Füllung:
60 g Schokolade,
250 g Sahne;
Zum Garnieren:
etwas geschlagene Sahne,
Apfelsinenscheiben

Aus den Zutaten einen Biskuitteig nach Grundrezept herstellen. Teig in einer vorbereiteten Springform im vorgeheizten Backofen bei 175 Grad ca. 30 Minuten backen. Abkühlen lassen und einmal durchschneiden.
Für die Orangensahne die Gelatine nach Packungsaufschrift einweichen und auflösen. Aufgelöste Gelatine mit dem Orangensaft, der Orangenschale und dem Zucker verrühren. Wenn die Masse beginnt, Straßen zu ziehen, die geschlagene Sahne unterheben. Den unteren Biskuitboden mit einem Tortenrand umstellen und die Masse daraufstreichen.
Für die zweite Füllung die Schokolade zerkleinern und vorsichtig in der Mikrowelle schmelzen lassen. Sahne steif schlagen und mit der abgekühlten Schokolade verrühren. Schokoladensahne auf die Orangenmasse geben, glatt streichen und mit dem oberen Biskuit abdecken. Torte kalt stellen und fest werden lassen. Anschließend nach Belieben mit Sahne und Apfelsinenscheiben garnieren.

Zitronen-Buttermilchtorte

Walburga Büchler, 86316 Friedberg

Boden:
5 Eier,
125 g Zucker,
1 Päckchen Vanillezucker,
125 g Mehl,
1 gestrichener TL Backpulver;
Füllung:
9 Blatt Gelatine,
1/2 l Buttermilch,
150 g Zucker,
Saft von 1 Zitrone,
600 g Sahne;
Zum Garnieren:
100 g Sahne,
1 unbehandelte Zitrone,
gehackte Pistazien

Für den Biskuitboden die Eier trennen. Eiweiß steif schlagen, dabei Zucker und Vanillezucker einrieseln lassen. Eigelb hinzufügen, Mehl und Backpulver darübersieben und unterheben. Im vorgeheizten Backofen bei 175 Grad goldgelb backen. Auskühlen lassen und den Boden einmal waagerecht durchschneiden.
Für die Füllung Gelatine in kaltem Wasser einweichen. Buttermilch, Zucker und Zitronensaft verrühren, aufgelöste Gelatine dazugeben (auf Temperaturausgleich achten). Die Sahne steif schlagen und unterheben.
Eine flachgewölbte Schüssel (28 cm) mit Frischhaltefolie auslegen. Die Hälfte der Zitronen-Buttermilchmasse in die Schüssel füllen. Von einem Boden einen Rand von 2 cm abschneiden; diesen Biskuitboden einlegen, die übrige Zitronen-Buttermilch-Masse darauf verteilen. Den zweiten, größeren Boden darauf legen und die Torte einige Stunden kalt stellen. Danach die Torte auf eine Tortenplatte stürzen. Die Kuppeltorte mit geschlagener Sahne bestreichen.
Zur Dekoration die Zitrone in dünne Scheiben schneiden. Jede Scheibe bis zur Mitte einschneiden und S-förmig verschlungen auf die Torte setzen. Mit Sahnerosetten und fein gehackten Pistazien verzieren.

Auch als geschichtete Torte ein Traum: Erfrischende **Zitronen-Buttermilchtorte** *verziert mit Minzeblättchen.*

Eistorten und Torten auf kalten Wege

*Für **Agnes´ schnelle Eistorte** können Sie den Mürbeteig auch als Tarte zunächst blind backen und dann dekorativ mit Eiskugeln füllen.*

Eistorten

Sie ist eiskalt und zergeht doch auf der Zunge. Mit Krokant oder Baiser, mit Früchten oder Schokolade kombiniert, ist eine Eistorte meist der Star auf der Kaffeetafel und immer etwas Besonderes.

Agnes' schnelle Eistorte

Agnes Schulze Wehninck, 46399 Bocholt

Boden:
150 g Mehl,
50 g gehackte Mandeln,
100 g Butter,
80 g Zucker,
2 EL Weizenkorn;
Belag:
250 g Sahne,
1/2 TL Zucker,
2 Packungen Viennetta-Eis Cappuccino,
geraspelte Schokolade

FÜR DEN BODEN aus Mehl, Mandeln, Butter, Zucker und Weizenkorn einen Mürbeteig kneten und ausrollen. Auf einem Tortenblech (26 cm) bei 170 Grad im Umluftofen etwa 20 Minuten backen. Auskühlen lassen und mit einem Tortenring umstellen.
FÜR DEN BELAG die Sahne mit Zucker schlagen, 3 Esslöffel davon auf den Tortenboden streichen. Das Eis in 2 1/2 cm dicke Stücke schneiden und den Boden in Runden damit auslegen. Das restliche Eis in kleine Dreiecke schneiden und die Lücken ausfüllen. Sahne auf der Oberfläche verstreichen. Mit geraspelter Schokolade und evtl. mit einigen Spritzern Eierlikör garnieren. Torte 2 bis 3 Stunden durchfrieren lassen.

ANMERKUNG DER REDAKTION:
Der Weizenkorn dient der Teiglockerung. Ersatzweise kann man eine Messerspitze Backpulver verwenden.

Eis-Baiser-Schnitten

E. Meyer-Ahlen, 33178 Nordborchen

Boden:
5 Eiweiß,
1 Päckchen Vanillezucker,
200 g Zucker;
Füllung:
2 EL Zucker,
400 bis 500 g Sahne,
2 TL löslicher Kaffee;
Zum Bestreuen:
100 g Mandeln oder Nüsse,
1 Messerspitze Butter,
2 EL Zucker

FÜR DEN BODEN das Eiweiß steif schlagen, Vanillezucker und Zucker unterschlagen. Die Masse auf ein mit Backpapier ausgelegtes Backblech streichen. Im Backofen bei 150 Grad (Umluft) etwa 90 Minuten trocknen lassen. Nach dem Backen den Baiserboden sofort der Länge nach durchschneiden. Backpapier sorgfältig mit dem Messer lösen und vorsichtig abziehen, auskühlen lassen.
FÜR DIE FÜLLUNG den Zucker schmelzen, ganz dünn auf Backpapier ausgießen, erkalten lassen. Anschließend Backpapier zusammenklappen und Karamell mit der Teigrolle zu Krokant zerkleinern. Die Hälfte der Sahne schlagen und den Krokant unterheben. Masse auf eine Hälfte des Baiserbodens streichen, zweite Hälfte des Baiserbodens auflegen. Restliche Sahne mit löslichem Kaffee zusammen steif schlagen und auf den zweiten Baiserboden streichen.
FÜR DEN KROKANT Mandeln oder Nüsse grob hacken und mit Butter und Zucker in der Pfanne rösten. Den Krokant nicht zu dunkel werden lassen! Auf einen Teller geben, erkalten lassen und zerkleinern. Krokantkrümel oben auf die Mokkasahne geben. Den fertigen Kuchen abgedeckt einfrieren. Kuchen eine Stunde vor Verzehr aus dem Gefriergerät nehmen und möglichst mit dem Elektromesser schneiden.

Eistorte ohne Boden

Ulrike Pape, 27446 Selsingen

Eismasse:
750 g Sahne,
125 g Baiser,
50 g gehackte Haselnüsse,
100 g Schokoladenraspel,
evtl. Rumrosinen, Krokant,
Schokocrossies u.a.

DIE SAHNE steif schlagen; Baiser grob hineinbröckeln und alles mit den übrigen Zutaten vermengen. Die Masse in eine mit Backpapier ausgelegte Springform füllen. Torte mindestens 3 Stunden gefrieren lassen. Eine halbe Stunde vor dem Verzehr aus der Gefriertruhe nehmen.

Mit Sahnetupfen oder geraspelter Schokolade garnieren.

Die **Eistorte ohne Boden** *kann gut in einer mit Folie ausgekleideten Rehrückenform gefroren und dann in Scheiben serviert werden.*

Zur **Himbeer-Eistorte** *aus einer Mascarpone-Quark-Masse und ganzen Himbeeren passt auch ein Boden aus zerkleinerten Schokoladenkeksen.*

Eistorte „Elisabeth“

Anneliese Hengstmann, 49326 Melle

Boden:
1 Mürbeteigunterlegboden,
1 Baiserboden;
Füllung:
6 Eigelb,
100 g Puderzucker,
750 g Sahne,
125 g Himbeeren,
60 g Zucker,
Schokoladenstreusel nach Belieben

DEN MÜRBETEIGBODEN in einen Springformrand legen. 3 Eigelb mit 60 g Puderzucker schaumig schlagen. Die Sahne steif schlagen. Die Hälfte der Sahne mit den Schokoladenstreuseln unter den Eischaum heben und auf dem Boden verteilen. Den Baiserboden darauf legen und leicht andrücken.
RESTLICHES EIGELB und Puderzucker schaumig schlagen. Die vorbereiteten Himbeeren mit dem Zucker mixen und mit dem Eischaum verrühren. Restliche Sahne unterheben, alles auf den Baiserboden geben und abgedeckt gefrieren lassen.

Die Torte ca. 1 Stunde vor dem Servieren aus der Kühltruhe nehmen, eventuell mit Sahne verzieren.

TIPP: Aus den 6 Eiweiß lassen sich natürlich auch 2 Baiserböden backen.

Grillage-Torte

Marianne Schmitz, 47652 Weeze

Boden:
200 g Eiweiß,
400 g Puderzucker,
150 g geriebene Haselnüsse;
Außerdem:
150 g Kuvertüre;
Füllung:
850 g Sahne,
100 g Puderzucker,
100 g Zartbitterschokolade,
1 Päckchen Vanillezucker

FÜR DEN BODEN zunächst Haselnüsse in einer Pfanne ohne Fett rösten, 50 g zum Bestreuen der Torte beiseite stellen. Das Eiweiß steif schlagen, nach und nach 200 g Puderzucker unterheben. Die restlichen 200 g Puderzucker mit den 100 g Haselnüssen mischen und unter die Baisermasse heben. Daraus auf Backpapier 3 Tortenböden (26 cm) bei 100 Grad 3 bis 5 Stunden im Backofen trocknen lassen. Nach dem Auskühlen die Böden mit flüssiger Kuvertüre bestreichen.

FÜR DIE FÜLLUNG 650 g Sahne mit dem Puderzucker steif schlagen. Von der Zartbitterschokolade mit dem Sparschäler Schokospäne abhobeln, die Hälfte davon beiseite stellen, den Rest unter die Sahne heben.
EINEN BAISERBODEN nach dem anderen mit Schokoladensahne bestreichen und die Torte zusammensetzen. Mit Schokosahne abschließen. Die restliche Sahne mit Vanillezucker steif schlagen und Rosetten auf die Torte spritzen. Mit den restlichen Schokospänen und den gerösteten Haselnüssen bestreuen. Die Torte im Gefrierfach ca. 6 Stunden gefrieren lassen.

Grillage-Torte: *Zart schmelzende Kombination aus Baiserböden und Schokoladensahne.*

Himbeer-Eistorte

Ursula Erven, 52457 Aldenhoven

Boden:
150 g Löffelbiskuits,
100 g Butter;
Füllung:
300 g Himbeeren,
1 unbehandelte Zitrone,
500 g Mascarpone,
250 g Magerquark,
100 g Zucker,
200 g Sahne;
Zum Garnieren:
einige Minzeblättchen

EINE KASTENFORM (25 cm) mit Frischhaltefolie auslegen. Himbeeren verlesen, waschen und auf Küchenkrepp abtropfen lassen. Zitrone abwaschen, die Schale abreiben und den Saft auspressen. Mascarpone mit Quark, Zucker, Zitronensaft und -schale verrühren. Sahne steif schlagen und mit den Himbeeren (einige zum Verzieren zurücklassen) unter die Mascarponecreme heben. Die Masse in die Form füllen, glatt streichen und 4 Stunden gefrieren lassen.
LÖFFELBISKUITS mit dem Rollholz in einem Gefrierbeutel fein zerbröseln und mit der geschmolzenen Butter vermischen. Diese Masse auf

Für die **Knusper-Eistorte** *werden Orangensahne und Schokoglasur in mehreren Schichten tiefgefroren. Für einen Schokorand geschmolzene Kuvertüre auf Folie schnittfest werden lassen und die Torte damit umlegen.*

die gefrorene Creme geben, fest andrücken und weitere 2 Stunden gefrieren lassen.

Mit den restlichen Himbeeren und Minzeblättchen garnieren.

Knusper-Eistorte

Elke Schmezer, 74249 Jagsthausen

Boden:
120 g Waffeln ohne Füllung, z.B. Eiswaffelherzen,
50 g weiche Butter;
Füllung:
3 Eigelb,
60 g Zucker,
1 Päckchen Vanillezucker,
60 g Marzipanrohmasse,
Schale und 2 EL Saft von 1 kleinen unbehandelten Orange,
1 EL Orangenlikör,
300 g Schlagsahne;
Außerdem:
125 ml flüssige Schokoladenglasur,
evtl. Orangenfilets und Orangenschalenstreifen zum Verzieren

FÜR DEN BODEN die Waffeln in einem Gefrierbeutel mit einer Teigrolle fein zerdrücken und in eine Schüssel geben. Gebäckbrösel mit der Butter vermengen, auf den Boden einer gefetteten Springform (18 cm) verteilen, fest andrücken und gefrieren lassen.

FÜR DEN BELAG Eigelb mit Zucker und Vanillezucker schaumig rühren. Die Marzipanrohmasse auf einer groben Reibe hinzuraspeln und alles zu einer geschmeidigen Masse rühren.

Orangenschale mit Orangensaft und Orangenlikör zur Eigelbcreme hinzugeben und unterrühren. Die Sahne steif schlagen und unterheben. Diese Creme in einer flachen Schüssel etwa 1 Stunde gefrieren lassen, bis das Eis streichfähig ist.

Anschließend die gefrorene Masse etwa 3 cm dick auf den Waffelboden streichen. Mit einer dünnen Schicht Schokoladenglasur bedeckt. Für einige Minuten in den Gefrierschrank stellen, damit diese Schicht gefriert. Dann die zweite Eisschicht einfüllen, wieder mit Schokoladenglasur abdecken und gefrieren lassen. So lange fortfahren, bis das Eis aufgebraucht ist. Die letzte Schicht sollte aus Eis bestehen. Die Torte mindestens 3 Stunden gefrieren lassen.

ZUM SERVIEREN die Torte aus der Form lösen, mit etwas Schokoladenglasur besprenkeln und nach Belieben mit Orangenfilets und -schale garnieren.

Torten auf kaltem Wege

Für diese leckeren Torten bleibt der Ofen kalt! Aus Cornflakes und Schokolade oder aus Plätzchen und Butter ist schnell ein Boden für köstliche Füllungen gezaubert, die so manchen Tortenfan überzeugen.

Apfeltorte „Simone“

Simone Abel, 57614 Alberthofen

Boden:
200 g Cornflakes,
300 g weiße Kuvertüre,
50 g Kokosfett;
Belag:
750 g geschälte Äpfel,
100 g Zucker,
etwas Zimt,
abgeriebene Schale und Saft von 1 unbehandelten Zitrone,
400 ml Apfelwein (oder Apfelsaft),
100 ml Apfelsaft,
2 Päckchen Vanillepuddingpulver,
400 g Sahne,
1 Päckchen Vanillezucker,
2 Päckchen Sahnesteif,
250 g Mascarpone

FÜR DEN BODEN die Cornflakes etwas zerkleinern. Die Kuvertüre mit dem Kokosfett schmelzen und mit den Cornflakes vermengen. 2/3 davon in eine mit Backpapier ausgelegte Springform geben und gut andrücken. Die restliche Cornflakes-Kuvertüren-Masse zu einer etwa 1/2 cm dicken Platte auf Backpapier geben und fest werden lassen.
FÜR DIE FÜLLUNG die Äpfel schälen, entkernen und in kleine Stücke schneiden. Mit Zucker, etwas Zimt, Schale und Saft der Zitrone und dem Apfelwein zum Kochen bringen. Den Apfelsaft mit dem Vanillepuddingpulver verrühren und die Apfelmasse damit andicken. Apfelmasse abgekühlt auf die Cornflakes-Masse geben und erkalten lassen.

Sahne mit Vanillezucker und Sahnesteif steif schlagen. Den Mascarpone unterheben, alles auf der Apfelmasse verteilen.
FÜR DIE GARNIERUNG aus der Cornflakes-Platte Dreiecke oder Quadrate schneiden und die Torte damit verzieren.

ANMERKUNG DER REDAKTION: Boden und Garnierung werden besonders fein, wenn Sie die Cornflakes im Mixer zerkleinern.

Aprikosen-Walnuss-Käsetorte

A. Sehr, 33100 Paderborn

Boden:
100 g Mürbeteigplätzchen,
100 g Walnussstücke,
100 g Butter;
Belag:
100 g getrocknete Aprikosen,
250 ml Orangensaft,
100 g Walnussstücke,
1 EL Weinbrand oder Sherry,
150 g Frischkäse,
200 g Sahne,
2 TL geriebene unbehandelte Orangenschale,
2 Eier,
4 EL Zucker,
6 TL gemahlene weiße Gelatine,
3 EL Wasser oder Weinbrand

FÜR DEN BODEN Kekse und Walnüsse im Mixer zerkleinern, in eine Schüssel geben und mit der weichen Butter verkneten. Diese Mischung gleichmäßig auf den Boden einer Springform (24 cm) verteilen und gut andrücken. Kühl stellen.

*Die **Apfeltorte „Simone“** lässt sich auch gut auf einem fertigen Wiener Boden schichten.*

FÜR DEN BELAG Aprikosen hacken und mit Orangensaft so lange köcheln lassen, bis der Saft aufgesogen ist und die Aprikosen weich sind. Walnüsse und Weinbrand oder Sherry dazugeben und beiseite stellen.
Die Eier trennen. Frischkäse, Sahne, Orangenschale, Eigelb und Zucker mit einem Schneebesen so lange schlagen, bis eine helle Creme entsteht. Gelatine in Wasser oder Weinbrand einweichen, bei geringer Hitze auflösen und mit der Schaummasse verrühren. Das Eiweiß zu Schnee schlagen und unterheben.
DIE HÄLFTE DER CREME auf dem Tortenboden verstreichen. Darauf löffelweise die Aprikosen-Walnuss-Mischung verteilen, mit dem Rest der Creme abdecken. Torte 2 bis 3 Stunden in den Kühlschrank stellen und beliebig dekorieren.

Himbeer-Fächertorte

Anneliese Scharlau-Reißelmann,
48329 Havixbeck

Boden:
50 g Butter,
100 g Zucker,
60 g grobe Haferflocken,
100 g Sonnenblumenkerne,
50 g blättrige Mandeln,
75 g Kuvertüre;
Füllung:
600 bis 700 g TK-Himbeeren,
150 g Zucker,
9 Blatt Gelatine (weiß),
750 g Sahne;
Zum Garnieren:
200 g Rohmarzipan,
Puderzucker,
75 g Kuvertüre,
200 g Sahne

FÜR DEN BODEN alle Zutaten in einem Topf auf dem Herd bräunen. Einen Tortenring auf eine Platte stellen und die Masse darin verteilen. Boden fest werden lassen und anschließend mit flüssiger Schokoladenkuvertüre bestreichen. FÜR DIE FÜLLUNG die Tiefkühlhimbeeren mit dem Zucker Saft ziehen lassen (ca. 1/4 l) und abgießen. Gelatine nach Anweisung auflösen und mit dem Saft verrühren, kühl stellen. Wenn die Masse beginnt fest zu werden, geschlagene Sahne und Himbeeren unterheben, Masse auf den Boden geben, kalt stellen. ZUM GARNIEREN am Vortag Marzipan mit etwas Puderzucker verkneten. In Tortengröße ausrollen, mit flüssiger Kuvertüre bestreichen, mit einem Tortenteiler (16 Stück mit Mittelteil) eindrücken. Nach dem Erkalten die Linien nachschneiden.

Zum Servieren Sahne schlagen, Torte damit garnieren und die Marzipanstücke fächerförmig darauf legen.

Kalte Hundeschnauze

Hildegard Neuenhoff,
46514 Schermbeck-Damm

Zutaten:
250 g Kokosfett,
125 g Puderzucker,
1 Päckchen Vanillezucker,
50 g Kakaopulver,
3 Eier,
2 Packungen Butterkekse

DAS FETT bei niedriger Temperatur schmelzen lassen. Eier, Puderzucker, Vanillezucker und das Kakaopulver schaumig schlagen. Vorsichtig unter die lauwarme Fettmasse geben, so dass die Masse cremig wird. EINE KLEINE KASTENFORM mit Pergamentpapier auslegen. Eine Schicht Schokocreme darin verteilen, mit einer Schicht Butterkekse abdecken. Diese Schichtung so lange wiederholen, bis die Creme aufgebraucht ist. Mit Butterkeksen abschließen.

Kuchen am besten über Nacht im Kühlschrank erstarren lassen. Zum Servieren auf eine Platte stürzen und das Papier abziehen.

TIPP: Die Kekse im Verbund einschichten, dann bricht der Kuchen beim Schneiden nicht so schnell auseinander.

Knusper-Pfirsich-Torte

M. Engels-Nitt, 41366 Schwalmtal

Boden:
150 g Vollmilchschokolade,
50 bis 60 g Cornflakes;
Belag:
1 große Dose Tortenpfirsiche,
1 Päckchen gemahlene Gelatine (weiß),
100 g Pfirsichmarmelade,
100 g Puderzucker,
2 Päckchen Vanillezucker,
500 g Sahne,
1 TL Sahnesteif;
Zum Garnieren:
Schokoflocken, Puderzucker

Die Marzipanfächer für die **Himbeer-Fächertorte** *werden mit Schokoladenglasur bestrichen.*

Knusper-Pfirsich-Torte *mit einem dünnen Cornflakes-Boden und einem leckeren Pfirsich-Sahne-Belag.*

Kalte Hundeschnauze: *Werden die Kekse im Verbund geschichtet, bricht der Kuchen nicht so leicht.*

Die **Mousse au Cappuccino-Torte** *kann statt mit Sahne und Mokkabohnen auch toll mit frischen Früchten dekoriert werden.*

Für den Boden die Schokolade im Wasserbad oder in der Mikrowelle bei halber Wattzahl weich werden lassen. Cornflakes unterrühren. Warme Masse in eine mit Öl gefettete Springform füllen, fest andrücken und abkühlen lassen.
Für den Belag Gelatine nach Vorschrift mit Wasser verrühren und quellen lassen. Marmelade, Puderzucker und Vanillezucker glatt verrühren. Sahne mit Sahnesteif steif schlagen. Die Marmeladenmasse vorsichtig unter die Sahne heben, danach die aufgelöste Gelatine unterrühren.

Abgekühlten Schokoladenboden mit Pfirsichspalten belegen, darüber die Sahnemasse streichen. Kuchen ca. 2 Stunden kalt stellen und nach Belieben mit Schokoflocken und Puderzucker dekorieren.

Anmerkung der Redaktion:
Die Zuckermenge im Belag reduzieren.

Mousse au Cappuccino-Torte

Elke Schmezer, 74249 Jagsthausen

Boden:
200 g Schokoladenkekse
(z. B. Schoko-Cookies),
125 g Butter;
Füllung:
2 Päckchen Mousse au Cappuccino,
300 ml Milch,
200 g Sahne;
Zum Garnieren:
200 g Sahne,
1 Päckchen Vanillezucker,
Mokkabohnen oder Pralinen,
30 g Zartbitterschokolade,
etwas Kakaopulver

Für den Boden Schokokekse mit einer Teigrolle in einem Gefrierbeutel zerdrücken und in eine Schüssel geben. Butter zerlassen, zu den Bröseln geben und gut verrühren. Die Masse gleichmäßig in eine mit Backpapier ausgelegte Springform (26 cm) verteilen, andrücken und fest werden lassen.
Für die Füllung die Mousse nach Packungsaufschrift zubereiten, auf den Boden streichen und fest werden lassen. Torte aus der Form lösen und auf eine Tortenplatte legen.
Zum Garnieren die Sahne mit Vanillezucker steif schlagen und so auf die Tortenoberfläche streichen, dass rundherum ein etwa 2 cm breiter Mousse-Streifen sichtbar bleibt.

In die Sahne mit Hilfe eines Teelöffels Vertiefungen drücken. Mit Mokkabohnen oder Pralinen garnieren. Den Tortenrand mit geschmolzener Schokolade garnieren. Die Torte vor dem Servieren mit Kakao bestäuben.

Die erfrischende **Orangen-Quarktorte** *ist nicht nur im Sommer ein Renner.*

Orangen-Quarktorte

Martha Brunnenmeier,
86511 Schmiechen-Unterbergen

Boden:
200 g Nussnougat,
10 Zwiebäcke,
4 Tropfen Bittermandelöl;
Füllung:
12 Blatt weiße Gelatine,
750 g Magerquark,
150 g Zucker,
1 Päckchen Vanillezucker,
200 ml Orangensaft,
Saft von 1 Zitrone,
125 ml Weißwein,
375 g Sahne;
Zum Verzieren:
2 Orangen,
2 Kiwis,
einige rote Früchte z.B. Himbeeren,
Johannisbeeren oder Kirschen

Nussnougat zerkleinern und in einer Schüssel im Wasserbad oder in der Mikrowelle vorsichtig erwärmen. Fein gemahlene Zwiebäcke und Bittermandelöl unterrühren. Die Masse in einen Tortenring (24 cm) geben, fest andrücken und beiseite stellen.

Die **Sommerfrische Erdbeertorte** *wird mit Erdbeerpüree beträufelt und nach Belieben mit halben Erdbeeren belegt.*

FÜR DEN BELAG Gelatine in kaltem Wasser einweichen. Quark, Zucker, Vanillezucker, Orangensaft und Zitronensaft gut verrühren. Weißwein erhitzen. Gelatine ausdrücken und im heißen Wein unter Rühren auflösen. Etwas abgekühlt, mit der Quarkmasse vermengen und kalt stellen. Wenn die Creme anfängt, dicklich zu werden, die steif geschlagene Sahne darunterziehen. Die Quarksahnecreme in die Form füllen, glatt streichen und im Kühlschrank ca. 2 Stunden kalt stellen. Danach den Tortenring entfernen.
JEDES TORTENSTÜCK mit einer halben Orangen- und Kiwischeibe und etwas Obst verzieren.

Quarktorte mit Pflaumen

Hans-Jürgen Schwager, 24409 Stoltebüll

Boden:
300 g Vanillekipferl oder anderes Mürbeteiggebäck,
150 g Butter;
Belag:
8 Blatt weiße Gelatine,
500 g Magerquark,
200 g Doppelrahm-Frischkäse,
150 g Crème fraîche,
1 Päckchen Vanillezucker,
4 EL Zitronensaft,
125 g Zucker,
250 g Sahne;
Außerdem:
1 Glas Pflaumen (frische Zwetschgen entsteint und gedünstet),
1 Päckchen Vanillepuddingpulver;
Zum Garnieren:
Vanillekipferl

FÜR DEN BODEN Vanillekipferl mit der Kuchenrolle zerbröseln. Butter in einem Topf schmelzen, mit den Bröseln vermischen. In eine mit Backpapier ausgelegte Springform geben und fest andrücken, kühl stellen.
FÜR DEN BELAG Gelatine in kaltem Wasser einweichen. Quark, Frischkäse, Crème fraîche, Vanillezucker, Zitronensaft und 100 g Zucker verrühren. Gelatine ausdrücken, bei schwacher Hitze auflösen und unter die Quarkcreme rühren. Wenn die Masse anfängt zu gelieren, steif geschlagene Schlagsahne unterheben. Auf dem Boden verteilen und kühl stellen.

Pflaumen auf ein Sieb geben. Den Saft (ca. 1/2 l) mit dem restlichen Zucker süßen und aufkochen lassen. Puddingpulver anrühren, den Saft damit andicken. Pflaumen vorsichtig unterheben. Das fast abgekühlte Kompott vorsichtig auf die Torte verteilen. Dabei einen 1 cm breiten Rand lassen, kühl stellen. Torte aus der Form lösen und mit Vanillekipferln garnieren.

ANMERKUNG DER REDAKTION:
Die Pflaumen mit Speisestärke oder Gelatine andicken.

Sommerfrische Erdbeertorte

Margret Dall, 49744 Geeste-Dalum

Boden:
100 g Mandelblättchen,
180 g weiße Kuvertüre,
60 g Cornflakes;
Belag:
200 g Schmand,
600 g Erdbeeren,
2 Blatt Gelatine,
500 g Sahne,
1 Päckchen Vanillezucker;
Zum Garnieren:
weiße Schokolade

FÜR DEN BODEN die Mandeln in einer Pfanne ohne Fett rösten. Kuvertüre im Wasserbad schmelzen, mit den Mandeln und den Cornflakes vermischen. In eine Springform füllen, andrücken und fest werden lassen.
FÜR DEN BELAG Schmand auf den Boden streichen. 100 g der vorbereiteten Erdbeeren pürieren und die eingeweichte Gelatine vorschriftsmäßig dazugeben, kalt stellen. Die restlichen Erdbeeren auf dem Boden verteilen. Sahne und Vanillezucker steif schlagen, über die Erdbeeren verteilen und wellenförmig verstreichen.

KUCHEN mit dem halbfesten Erdbeerpüree beträufeln und mit geraspelter (weißer) Schokolade garnieren.

Spekulatius-Weihnachtstorte

Annegret Heidl, 34549 Edertal-Wellen

Boden:
200 g Spekulatius,
50 g weiche Butter;
Belag:
200 g Mascarpone,
250 g Sahnequark,
1 Prise Zimt,
50 g Zucker,
6 Blatt Gelatine,
250 g Sahne,
1 Gläschen Maraschino-Kirschen;
Zum Garnieren:
einige Spekulatius,
geschlagene Sahne

FÜR DEN BODEN die Spekulatius zerbröseln und mit der weichen Butter vermischen. Masse anschließend in eine mit Backpapier ausgelegte Springform drücken.
FÜR DEN BELAG Mascarpone und Quark verrühren, Zimt und Zucker zugeben und mit der aufgelösten Gelatine vermischen. Wenn die Masse beginnt steif zu werden, die geschlagene Sahne unterheben. Die Kirschen auf dem Boden verteilen, ein paar Kirschen zum Dekorieren zurück lassen. Die Quarkmasse darüber geben und anschließend einige Stunden kalt stellen.
DIE TORTE mit den zurückbehaltenen Kirschen, Spekulatiusstückchen und Sahnetupfen verzieren.

Topfentorte ohne Backen

Theresia Hagenauer, A-3143 Pyhre

Boden:
ca. 1 1/2 Packungen Löffelbiskuits,
1/4 l Milch,
Rum nach Geschmack,
etwas Zucker;
Belag:
3 Eigelb,
150 g Puderzucker,
500 g Quark (20%),
Saft und etwas Schale von
1 unbehandelten Zitrone,
8 Blatt Gelatine,
1/4 l Milch,
400 g Sahne;
Zum Garnieren:
geschlagene Sahne,
Früchte nach Belieben

Topfentorte ohne Backen *aus einer Schichtung aus getränkten Löffelbiskuits, Quark-Sahnemasse und Früchten.*

FÜR DIE FÜLLUNG Eigelb und Zucker schaumig schlagen. Quark mit Zitronensaft und -schale verrühren und zur Eigelbmasse geben. Gelatine nach Vorschrift einweichen, in heißer Milch auflösen und etwas abgekühlt zur Quarkmasse geben. Die Sahne steif schlagen und unterziehen.
EINE TORTENFORM oder Kastenform mit Klarsichtfolie auslegen. Löffelbiskuits in die mit Rum verrührte Milch tauchen und die Form damit auslegen. Einen Teil der Creme darauf verteilen, mit Löffelbiskuits belegen und die Schichtung wiederholen, bis die Masse verbraucht ist. Mit Löffelbiskuits abschließen. Torte über Nacht in den Kühlschrank stellen und eventuell mit Schlagsahne und Früchten verzieren.

Für die **Spekulatius-Weihnachtstorte** *wird eine Mascarpone-Quarkmasse mit Kirschen verfeinert.*

Saftige Obstkuchen

Gebackener **Ananas-Käse-Kuchen,**
hier aus der Tortenform.

Vergleichen Sie doch mal Äpfel mit Birnen! Oder backen Sie am besten gleich mehrere Obstkuchen. Sie schmecken in der Verbindung mit lockerem Rührteig, einem mürben Boden und einer feinen Creme immer und sind auf dem Buffet eine starke Konkurrenz für Sahne- oder Buttercremetorten.

Ananas-Käse-Kuchen

Marianne Berberich,
74736 Hardheim-Rütschdorf

Boden:
300 g Mehl,
1 Päckchen Trockenbackhefe,
1/8 l lauwarme Milch,
40 g Zucker,
1 Prise Salz,
1 Ei,
50 g weiche Butter;
Belag:
250 g Butter oder Margarine,
8 Eier,
150 g Zucker,
2 EL Amaretto (ersatzweise Rum),
50 cl Ananassaft,
750 g Magerquark oder Schichtkäse,
3 Päckchen Vanillepuddingpulver,
2 Dosen Ananas in Scheiben (je ca. 340 g Abtropfgewicht),
evtl. 2 Päckchen Tortenguss

FÜR DEN BODEN aus den Zutaten einen glatten Hefeteig kneten. Den Teig an einem warmen Ort bis zur doppelten Größe aufgehen lassen. Anschließend auf einer bemehlten Arbeitsplatte zu einer Teigplatte in Backblechgröße ausrollen und in ein gefettetes tiefes Backblech legen. Einen Rand z.B. aus Alufolie um den Teig herumstellen.
FÜR DEN BELAG Butter mit Zucker und Eiern schaumig schlagen. Amaretto, Ananassaft, Quark und Puddingpulver unterrühren, Masse auf die Teigplatte streichen. Ananasscheiben gleichmäßig auf der Quarkmasse verteilen und den Kuchen im vorgeheizten Backofen bei 180 Grad ca. 50 Minuten backen.
NACH BELIEBEN einen Tortenguss aus Ananassaft und Tortengusspulver zubereiten und über den Kuchen gießen.

Apfel-Mandel-Torte

Carla Sieders, 47533 Kleve

Boden:
300 g Mehl,
200 g Butter,
100 g Zucker,
1 Prise Salz;
Füllung:
2 Eier,
100 g Zucker,
1 Vanilleschote,
3 säuerliche Äpfel,
100 g gemahlene Mandeln;
Belag:
2 Äpfel,
40 g Butter,
2 EL ganze geschälte Mandeln;
Glasur:
3 EL Quittengelee

FÜR DEN BODEN aus den Zutaten einen Mürbeteig kneten, 30 Minuten kalt stellen.

2/3 des Teiges auf Springformgröße ausrollen und den Boden einer gefetteten Springform damit belegen. Restlichen Teig zu einer Rolle formen und zu einem ca. 4 cm hohen Rand formen.
FÜR DIE FÜLLUNG die Eier trennen. Eigelb mit 2 EL Wasser und dem Zucker cremig aufschlagen. Die Vanilleschote längs aufschneiden; Mark herauskratzen und unter die Eigelbcreme rühren. Die Äpfel schälen und grob raspeln, mit den Mandeln unter die Eigelbcreme rühren. Eiweiß steif schlagen und vorsichtig unterheben. Füllung auf den Teig geben; glatt streichen.
FÜR DEN BELAG die Äpfel schälen und mit Apfelausstecher das Kerngehäuse entfernen; in Scheiben schneiden und auf die Füllung legen. Mit geschmolzener Butter bestreichen und mit den Mandeln bestreuen.
IM VORGEHEIZTEN BACKOFEN bei 180 Grad etwa 20 bis 30 Minuten backen, mit Backpapier abdecken und weitere 15 bis 20 Minuten backen. Quittengelee etwa 5 Minuten kochen lassen und den noch heißen Kuchen damit glasieren.

ANMERKUNG DER REDAKTION:
Statt des Quittengelees können Sie auch Aprikosenkonfitüre verwenden.

Die Apfel-Mandel-Torte anschließend noch mit heißem Quittengelee oder Aprikosenkonfitüre glasieren!

Apfeltorte mit Meringuage – *auch mit Baiserhaube statt eines Nussbaisers lecker!*

Apfeltorte mit Meringuage

Silvia Meier, CH-8180 Bülach

Boden:
200 g Butter,
375 g Mehl,
150 g Zucker,
1 Päckchen Vanillezucker,
4 Eigelb,
1/2 Päckchen Backpulver;
Füllung:
10 Äpfel,
70 g Sultaninen,
6 EL Zucker (je nach Apfelsorte),
2 Messerspitzen Zimt,
Saft von 1 Zitrone;
Belag:
150 g Puderzucker,
150 g Haselnüsse,
4 Eiweiß

Für den Boden die Butter zerlassen und aus den Zutaten einen Mürbeteig kneten. Eine mit Backpapier ausgelegte Springform (26 oder 28 cm) damit auslegen und einen ca. 4 cm hohen Rand formen. Kalt stellen.
Für die Füllung die Äpfel schälen, entkernen und grob raffeln. Mit den restlichen Zutaten vermischen und auf den Boden geben. Mit einem Esslöffel 4 flache Mulden in die Füllung drücken. Kuchen im vorgeheizten Backofen bei 200 Grad 30 Minuten backen. Die Flüssigkeit, die sich in den Mulden gesammelt hat, mit einem Löffel abschöpfen.
Für die Meringuage das Eiweiß steif schlagen, den Puderzucker einrieseln lassen und die Nüsse unterheben. Nussbaiser über die Apfelmasse streichen. Kuchen weitere 25 bis 30 Minuten backen lassen, bis die Baiserhaube hellbraun ist.

Anmerkung der Redaktion:
Durch das Abschöpfen der Flüssigkeit bleibt der Baiser schön knusprig. Eventuell für den recht süßen Kuchen weniger Zucker verwenden.

Aprikosen-Kuchen

Helga Möhring-Bening, 27239 Twistringen

Boden:
200 g Butter oder Margarine,
150 g brauner Zucker,
1 Päckchen Vanillezucker,
1 Prise Salz,
4 Eier,
200 g Weizenmehl Type 1050,
100 g gemahlene Haselnusskerne,
50 g gehackte Mandeln,
1 Päckchen Backpulver;
Belag:
1 Dose Aprikosen (850 ml),
150 g Himbeeren,
50 g Mandelblättchen;
Zum Garnieren:
einige Himbeeren,
Puderzucker

Für den Boden alle Zutaten zu einem Rührteig verarbeiten. Den Teig in eine mit Backpapier ausgelegte Springform füllen.
Aprikosen abtropfen lassen und auf den Teig legen. Die vorbereiteten Himbeeren und die Mandeln darüberstreuen. Den Kuchen im vorgeheizten Backofen bei 175 Grad ca. 50 Minuten backen, evtl. 10 Minuten vor Ende der Backzeit mit Alufolie bedecken.
Kuchen nach dem Auskühlen mit einigen frischen Himbeeren garnieren und mit Puderzucker bestreuen.

Die Aprikosen-Tarte, mit einem leichten Belag aus Sahne, Aprikosen und Mandeln gebacken und mit einem Klecks geschlagener Sahne serviert.

Mit Mandelblättchen bestreut und mit Puderzucker bestäubt: Der Aprikosen-Kuchen ist ein fruchtiger Kuchen für jeden Tag.

Aprikosen-Tarte

Hanna Schwenker, 32479 Hille 1

Boden:
200 g Mehl,
2 TL Backpulver,
75 g Zucker,
1 Päckchen Vanillezucker,
1 Prise Salz,
1 Ei,
125 g Butter;
Belag:
125 g Sahne,
100 g Zucker,
1 Ei,
100 g geriebene Mandeln,
1 Dose Aprikosen,
einige abgezogene halbierte Mandeln

Für den Boden aus den Zutaten einen Mürbeteig herstellen. Den Teig in eine gefettete Springform geben und den Rand etwas hochdrücken.
Für den Belag die Sahne mit der Hälfte des Zuckers schlagen. Ei und restlichen Zucker unterrühren, Mandeln unterheben. Diese Masse auf dem Mürbeteigboden verteilen. Die gut abgetropften Aprikosen mit der Wölbung nach unten auf die Sahnemasse geben. Abgezogene, halbierte Mandeln in die Aprikosenhälften legen. Kuchen im vorgeheizten Backofen bei 200 Grad 45 Minuten abbacken.

Birnenkuchen

Anke Kleuker, 30982 Jeinsen

Boden:
250 g Butter oder Margarine,
200 g Zucker,
1 Päckchen Vanillezucker,
4 Eier,
1 Prise Salz,
200 g Mehl,
125 g Stärkemehl,
80 g Kakao,
1/2 Päckchen Backpulver,
8 EL Rum (54%);
Belag:
1,5 bis 2 kg frische Birnen, ersatzweise
2 Gläser oder Dosen;
Glasur:
150 g Aprikosenkonfitüre;
Zum Bestreuen:
50 bis 100 g Mandelblättchen

Für den Boden aus den Zutaten einen Rührteig zubereiten und auf ein gefettetes Backblech streichen.
Für den Belag frische Birnen schälen, halbieren und klein schneiden. Eingemachte Birnen gut abtropfen lassen. Birnen auf den Teig legen. Kuchen im vorgeheizten Backofen bei 180 Grad ca. 40 bis 50 Minuten backen.
Sofort nach dem Backen mit glattgerührter Aprikosenkonfitüre bestreichen und mit gerösteten Mandelblättchen bestreuen.

*Für den **Birnenkuchen** werden saftige Birnen mit einem dunklen Rührteig kombiniert.*

Erdbeertorte

Reinhard König, 15868 Groß Muckrow

Boden:
150 g Mehl,
150 g Zucker,
150 g Butter,
3 Eier,
1 Päckchen Vanillezucker,
1 TL Backpulver;
Zum Bestreichen:
Zartbitter-Kuvertüre;
Belag:
100 g Sahne,
100 g weiße Schokolade,
200 g Butter,
500 g Erdbeeren;
Guss:
1/4 l Erdbeersaft,
1 Päckchen Tortenguss

Für den Boden aus den Zutaten einen Rührteig herstellen. Teig in eine gefettete Obstkuchenform streichen und im Backofen bei 200 Grad 20 Minuten backen. Den Boden gut auskühlen lassen. Den Rand des Bodens mit Zartbitter-Kuvertüre bestreichen.
Für den Belag die Sahne aufkochen und die Schokolade darin auflösen. Gut abkühlen lassen und mit der weichen Butter verrühren. Schokocreme dünn auf den Boden streichen, mit dem Rest der Creme den Rand des Bodens verzieren. Anschließend den Boden mit den vorbereiteten Erdbeeren belegen.
Aus Saft und Tortengusspulver einen Tortenguss kochen und die Erdbeeren damit überziehen.

Bei der **Erdbeertorte** wird der Boden zunächst mit Kuvertüre bestrichen und dann dekorativ mit Erdbeeren belegt.

Feiner Rhabarberkuchen

Elisabeth Haider, 86508 Rehling

Boden:
200 g Mehl,
1 TL Backpulver,
100 g Butter oder Margarine,
75 g Zucker,
1 Ei;
Belag:
2 Eigelb,
1 EL Zucker,
1 Päckchen Vanillezucker,
200 g Schmand,
500 bis 700 g Rhabarberstücke;
Baiserhaube:
3 Eiweiß,
100 bis 120 g Zucker

FÜR DEN BODEN aus den Zutaten einen Mürbeteig herstellen. Teig in eine gefettete Springform drücken, einen ca. 3 cm hohen Rand formen.
FÜR DEN BELAG Eigelb mit Zucker und Vanillezucker verrühren. Schmand ebenfalls unterrühren und die Masse auf den Mürbeteig streichen. Vorbereiteten Rhabarber darüber verteilen. Kuchen im vorgeheizten Backofen bei 190 Grad 20 Minuten backen.
FÜR DIE BAISERHAUBE Eiweiß mit dem Zucker steif schlagen. Die Baisermasse auf dem vorgebackenen Kuchen verteilen und weitere 25 Minuten bei 170 Grad backen. Kuchen in der Form abkühlen lassen.

Auch auf dem Blech gebacken ein Gedicht: **Feiner Rhabarberkuchen** mit Baiserhaube.

Himmlische Stachelbeer-Bienenstich-Torte

Andrea Heekenjann, 48477 Bevergern

Boden:
185 g Sahne,
130 g Zucker,
3 Eier,
Salz,
1 Päckchen Vanillezucker,
225 g Mehl,
1 Päckchen Backpulver;
Belag:
60 g Butter,
2 EL Milch,
125 g Zucker,
100 g Mandelblätter;
Füllung:
1 Glas Stachelbeeren (720 ml),
175 ml Apfelsaft,
2 EL Zucker,
1 Päckchen Vanillepuddingpulver;
Außerdem:
375 g Schmand,
1 Päckchen Vanillezucker,
1 Päckchen Vanillesoßenpulver
(für 250 ml, ohne Kochen)

FÜR DEN BODEN Sahne mit Zucker, Eiern, Salz und Vanillezucker verrühren. Mehl und Backpulver vermischen und unterrühren. Den Teig in eine gefettete Springform streichen und bei 180 Grad ca. 20 Minuten backen.
FÜR DEN BELAG Butter, Milch und Zucker aufkochen, Mandeln unterheben und etwas abkühlen lassen. Diesen Belag nach 20 Minuten Backzeit auf dem Boden gleichmäßig verteilen und 12 Minuten weiterbacken. Kuchen abkühlen lassen und einmal waagerecht halbieren.
FÜR DIE FÜLLUNG Stachelbeeren abtropfen lassen, Saft auffangen. Aus den Säften, Zucker und Puddingpulver einen Pudding kochen. Die Stachelbeeren unter den heißen Pudding heben und etwas abkühlen lassen. Stachelbeermasse auf dem unteren Boden verteilen und abkühlen lassen.
DEN OBEREN BODEN in 12 Stücke schneiden. Schmand, Vanillezucker und Soßenpulver steif schlagen, in einen Spritzbeutel füllen. Spiralförmig auf das Stachelbeerkompott spritzen (je 1 Spirale pro Tortenstück). Die Mandelfächer schräg auf die Creme setzen.

Auch klassisch geschichtet schmeckt die **Stachelbeer-Bienenstich-Torte** *super.*

Wer nicht ganz so viel Mühe aufwenden will, fertigt den **Iburger Früchtetraum** *einfach nur mit Kirschbelag. Dafür dann die doppelte Menge Kirschen nehmen!*

Iburger Früchtetraum

Maria Mindrup, 49186 Bad Iburg

Boden:
400 g Mehl,
3 EL Paniermehl,
180 g Zucker,
2 Päckchen Vanillezucker,
1/2 Päckchen Backpulver,
175 g flüssige Butter;
Mohnbelag:
250 g Fertigmohnmasse,
50 g Mandeln,
50 g Rosinen,
50 g flüssige Butter;
Apfelbelag:
3 mittelgroße Boskop,
Saft von 1/2 Zitrone,
300 ml Weißwein,
2 EL Zucker,
1 Päckchen Vanillezucker,
1/2 Päckchen Vanillepuddingpulver;
Kirschbelag:
1/2 Glas abgetropfte Sauerkirschen,
300 ml Kirschsaft,
1 EL Zucker,
1/2 Päckchen Vanillepuddingpulver;
Quarkbelag:
500 g Quark,
100 g flüssige Butter,
120 g Zucker,
1 Päckchen Vanillezucker,

3 Eier,
1 Päckchen Vanillepuddingpulver,
Saft von 1/2 Zitrone

FÜR DEN BODEN die angegebenen Zutaten mit dem Knethaken zu Streuseln verarbeiten. Gut 2/3 des Teiges in eine mit Backpapier ausgelegte große Springform (28 cm) geben, am Rand die Streusel etwas hochziehen.
FÜR DEN MOHNBELAG alle Zutaten miteinander vermischen, diese Masse in einem schmalen Ring außen auf die Streusel geben.
FÜR DEN APFELBELAG Äpfel schälen und in kleine Würfel schneiden, mit Zitronensaft übergießen. Wein mit Zucker, Vanillezucker und Puddingpulver verrühren und unter Rühren aufkochen lassen, Apfelstückchen zugeben. Diese Masse nun ringförmig neben dem Mohnbelag anschließen.
FÜR DEN KIRSCHBELAG Kirschen abtropfen lassen. Saft und Zucker mit Puddingpulver andicken und die Kirschen unterheben. Kirschpudding in die Mitte des Kuchens geben.
Für den Quarkbelag Eier trennen und das Eiweiß steif schlagen. Quark, Butter, Zucker, Vanillezucker, Eigelb, Puddingpulver und Zitronensaft verrühren. Eiweiß unterheben und die Masse auf die anderen Füllungen streichen.
RESTLICHE STREUSEL gleichmäßig darüber verteilen. Kuchen im vorgeheizten Backofen bei 175 Grad ca. 70 bis 80 Minuten backen. Dazu geschlagene Sahne reichen.

TIPP: Sie erhalten eine schöne Trennung der Schichten, wenn Sie die einzelnen Füllungen erst auskühlen lassen.

ANMERKUNG DER REDAKTION:
Zwar recht aufwändig, aber die Mühe lohnt!

Von der fruchtigen Johannisbeer-Cremetorte essen Sie bestimmt mehr als ein Stück.

Johannisbeer-Cremetorte

Claudia Grohtues, A-6020 Innsbruck

Boden:
200 g Mehl,
1 Prise Salz,
100 g Kristallzucker,
50 g gemahlene Mandeln,
2 Eigelb,
125 g Butter;
Belag:
1/2 l Milch,
1 Päckchen Vanillepuddingpulver,
2 EL Zucker,
500 g Johannisbeeren,
2 Eiweiß,
80 g Zucker,
50 g gehackte Mandeln

FÜR DEN BODEN aus den angegebenen Zutaten einen Mürbeteig bereiten und kalt stellen. Nach der Ruhezeit ausrollen, den Boden einer Springform damit auslegen und einen 3 cm hohen Rand formen. Den Teig mit einer Gabel mehrmals einstechen und im vorgeheizten Backofen bei 200 Grad ca. 15 Minuten vorbacken.
FÜR DEN BELAG aus Milch, Puddingpulver und Zucker einen Vanillepudding kochen und erkalten lassen. Die Johannisbeeren waschen, abtropfen lassen und von den Stielen streifen.

Das Eiweiß steif schlagen, dabei den Zucker einrieseln lassen. Eischnee zusammen mit den

Mandeln unter den Vanillepudding ziehen, anschließend die Johannisbeeren unterheben. Die Masse auf den vorgebackenen Kuchen geben. KUCHEN bei 150 Grad noch ca. 50 Minuten weiterbacken.

Johannisbeer-Traum

Brigitte Mayr, 87660 Irsee

Boden:
125 g Butter oder Margarine,
2 Eier,
125 g Zucker,
Schale von 1 unbehandelten Zitrone,
125 g Mehl,
40 g Stärkemehl,
1 TL Backpulver,
40 g Mandelblättchen;
Belag:
250 g rote Johannisbeeren,
250 g schwarze Johannisbeeren,
100 g Zucker;
Guss:
2 Eier,
75 g Zucker,
50 g Mehl,
50 g Stärkemehl,
1/2 TL Backpulver;
Zum Servieren:
1 EL Puderzucker

Johannisbeer-Traum in Dreifach-Schichtung, hier abgewandelt mit einer Baiserhaube.

FÜR DEN BELAG die Johannisbeeren waschen, abstreifen und mit Zucker bestreuen.
FÜR DEN BODEN aus den Zutaten einen Rührteig zubereiten. Teig in eine gefettete Springform (26 cm) füllen, mit den Mandelblättchen bestreuen und die vorbereiteten Johannisbeeren darauf verteilen.
FÜR DEN GUSS die Eier trennen. Eiweiß mit 2 EL kaltem Wasser steif schlagen, Zucker einrieseln lassen; Eigelb, Mehl, Stärkemehl und Backpulver unterheben. Die Masse über die Johannisbeeren streichen. Im vorgeheizten Backofen bei 175 Grad 30 bis 40 Minuten backen. Noch 10 Minuten im ausgeschalteten Backofen stehen lassen.
MIT PUDERZUCKER bestreut servieren.

TIPP: Machen Sie die Garprobe mit einem Holzstäbchen!

Der Mohn-Pfirsich-Kranz sollte schon zwei bis drei Tage vor dem Verzehr gebacken werden, damit er schön durchziehen kann.

Mohn-Pfirsich-Kranz

Elke Detmering, 31638 Stöckse

Teig:
260 g Butter oder Margarine,
200 g Zucker,
4 Eier,
250 g Fertigmohnmasse,
500 g Weizenmehl,
1 Päckchen Backpulver;
Außerdem:
1 große Dose Pfirsiche;
Guss:
200 g Puderzucker,
3 EL Pfirsichsaft

AUS DEN ZUTATEN einen Rührteig nach Vorschrift herstellen. Die Pfirsiche in einem Sieb gut abtropfen lassen, klein schneiden und unter den Teig heben. Den Teig in eine gefettete Kranzform füllen und im Backofen bei 175 Grad ca. 60 bis 70 Minuten backen. Einige Minuten in der Form auskühlen lassen und auf einen Backrost stürzen.

Nach dem Auskühlen den Kuchen mit Puderzucker bestäuben oder mit einer Glasur aus Puderzucker und Pfirsichsaft bestreichen. Der Kuchen sollte 2 bis 3 Tage vor dem Verzehr gebacken werden.

Nussiger Apfel-Kirsch-Kuchen

Yvette Dornig, 02791 Oderwitz

Boden:
80 g Butter oder Margarine,
65 g Zucker,
1 Prise Salz,
1 Päckchen Vanillezucker,
1 Ei,
2 EL Milch,
250 g Mehl,
1/2 Päckchen Backpulver;
Füllung:
1/2 Glas Schattenmorellen,
175 g gemahlene Haselnüsse,
45 g Butter oder Margarine,
1 Päckchen Vanillezucker,
1/2 TL Zimt,
5 mittlere Äpfel,
4 cl Rum;
Streusel:
200 g Mehl,
125 g Margarine,
100 g Zucker,
1 Prise Salz

Für den Boden alle Zutaten zu einem Mürbeteig verkneten und kühl stellen.
Für die Füllung Schattenmorellen abtropfen lassen. Die Haselnüsse mit Butter, Vanillezucker und Zimt zu einer gleichmäßigen Masse verarbeiten. Die Äpfel schälen, reiben und mit dem Rum vermischen.
Teig in eine gefettete und mit Semmelbröseln ausgestreute Springform legen und einen Rand formen. Die Apfelmasse darauf verteilen. Schattenmorellen gleichmäßig darüber verteilen und etwas hineindrücken. Die Nussmasse darüber streichen.
Für die Streusel alle Zutaten miteinander verarbeiten. Streusel auf dem Kuchen verteilen.
Im vorgeheizten Backofen bei ca. 200 Grad etwa 50 Minuten backen.

Pfefferminz-Apfelkuchen

Hilke Struve, 23795 Groß Rönnau

Für die Form:
30 g Zucker,
1 Messerspitze Zimt,
50 g Mandelblättchen;
Füllung:
ca. 1 kg leicht vorgekochte Apfelspalten,
1 Teebeutel Pfefferminztee;
Boden:
200 g Mehl,
150 g Zucker,
100 g Butter,
1 Ei,
1 Prise Salz

Für die Form Zucker und Zimt mischen und den Boden einer mit Pergamentpapier ausgelegten Springform damit bestreuen. Die Mandelblättchen darüber streuen. Die Apfelspalten darauf verteilen und den Inhalt des Teebeutels über die Äpfel streuen.
Für den Boden aus den Zutaten einen Mürbeteig kneten. Teigplatte in Springformgröße ausrollen und die Apfelfüllung damit bedecken. Kuchen im vorgeheizten Backofen bei 200 Grad ca. 45 Minuten backen.
Den ausgekühlten Kuchen umgedreht auf eine Platte stürzen, dazu Schlagsahne reichen.

Pfefferminz-Apfelkuchen *mit einer außergewöhnlichen Note: Die Apfelspalten können auch kurz in Pfefferminztee gedünstet werden.*

Rahm-Apfelkuchen auf Blätterteig

Stefanie Aicher, 78582 Balgheim

Boden:
300 g TK-Blätterteig;
Belag:
500 g Äpfel (z. B. Elstar);
Guss:
200 g Sahne,
3 EL Zucker,
3 Eier,
1 Messerspitze Zimt,
1 Päckchen Vanillepuddingpulver,
75 g gehobelte Mandeln

BLÄTTERTEIGPLATTEN nebeneinander 15 Minuten auftauen lassen. Die Teigränder mit Wasser bestreichen, aufeinander legen und auf einer bemehlten Arbeitsfläche ausrollen. Eine mit kaltem Wasser abgespülte Obstkuchenform damit auslegen.
FÜR DEN BELAG die Äpfel waschen und schälen. Mit dem Apfelteiler in Schnitze teilen. Äpfel schuppenförmig auf den Blätterteig legen.
FÜR DEN GUSS Sahne, Zucker, Eier, Zimt und Vanillepuddingpulver mit dem Handrührgerät kurz durchschlagen. Masse über die Äpfel geben. Mandelblättchen darüberstreuen. Im vorgeheizten Backofen bei 175 Grad ca. 30 bis 40 Minuten backen.

Rahm-Apfelkuchen auf Blätterteig, *hier mit Rahmguss als Belag und den Apfelspalten obenauf.*

Rhabarber-Schmand-Torte

Kerstin Hüfing, 46499 Hamminkeln

Boden:
150 g Mehl,
1 TL Backpulver,
100 g Zucker,
1 Ei,
100 g Butter;
Füllung:
300 ml Milch,
100 g Zucker,
1 Päckchen Vanillepuddingpulver,
250 g Schmand;
Belag:
500 g Rhabarber,
2 bis 3 EL Zucker nach Geschmack,
2 EL Zitronensaft,
1 Flasche Himbeersoße (125 ml),
4 EL Speisestärke;
Zum Garnieren:
200 g Sahne

FÜR DEN BODEN alle Zutaten zu einem Mürbeteig verkneten. Teig mit bemehlten Händen in eine Springform drücken (26 cm) und einen ca. 2 cm hohen Rand formen, kalt stellen.
FÜR DIE FÜLLUNG aus Milch, Zucker und Puddingpulver nach Vorschrift einen Flammerie kochen. Schmand unterrühren und die Masse sofort in die Springform füllen. Im vorgeheizten Backofen bei 175 Grad ca. 50 Minuten backen. Abkühlen lassen.
FÜR DEN BELAG den Rhabarber putzen, waschen und in ca. 3 cm lange Stücke schneiden. Rhabarber, Zucker und Zitronensaft in Himbeersoße und 200 ml Wasser ca. 5 Minuten dünsten. Speisestärke mit etwas Wasser glatt rühren, Kompott damit binden. Kalt stellen, bis das Kompott fest wird; dann auf den abgekühlten Tortenboden geben. Vollständig abkühlen lassen.
ZUM GARNIEREN die Sahne steif schlagen und die Torte damit verzieren. Tortenrand eventuell mit Puderzucker bestäuben.

Saftiger Birnenkuchen

Martina Schmid, 89407 Dillingen

Boden:
125 g Butter oder Margarine,
75 g Zucker,
1 Prise Salz,
1 Ei,
250 g Mehl,
1 TL Backpulver;
Füllung:
2 Gläser Birnen (Füllgewicht ca. 750 g),
1 Päckchen Vanillepuddingpulver,
3 Eier,
75 g Zucker,
150 g Sauerrahm

FÜR DEN BODEN aus allen Zutaten einen Mürbeteig herstellen, 30 Minuten kalt stellen. Eine gefettete Springform damit auslegen und einen Rand hochziehen.
FÜR DIE FÜLLUNG das abgetropfte Obst fächerförmig schneiden und auf dem Teig verteilen.
Aus 1/2 l des Obstsaftes und dem Vanillepudding einen Pudding kochen und über das Obst geben.
KUCHEN IM BACKOFEN bei 190 Grad etwa 35 Minuten backen.
INZWISCHEN die Eier trennen. Eiweiß und Zucker zu steifem Schnee schlagen. Das Eigelb mit Sauerrahm cremig schlagen. Beide Massen locker vermischen und auf dem vorgebackenen Kuchen verteilen. Kuchen bei 190 Grad 25 Minuten weiterbacken.

TIPP: Kuchen am besten über Nacht durchziehen lassen.

Saftiger Birnenkuchen: *Hier wird knuspriger Mürbeteig mit viel Frucht und leckerem Rahm kombiniert.*

Südtiroler Apfelstrudel

Agnes Ausserhofer,
I-39032 Sand in Taufers / Südtirol

Teig:
250 g weiche Butter,
125 g Zucker,
3 Eier,
1 Päckchen Vanillezucker,
1 Prise Salz,
Schale einer unbehandelten Zitrone,
500 g Mehl, 1 Päckchen Backpulver;
Füllung:
1 1/2 kg Äpfel, 100 g Zucker,
1 Päckchen Vanillezucker,
2 TL Zimt,
100 g Sultanine,
50 g Pignoli (Pinienkerne) oder gehackte Haselnüsse,
Saft einer Zitrone, 1 EL Rum,
100 g Brösel;
Zum Bestreichen:
Eigelb

FÜR DEN MÜRBETEIG alle Teigzutaten verkneten.
FÜR DIE FÜLLUNG die Äpfel schälen, vierteln, entkernen und in kleine Scheiben schneiden. Alle übrigen Zutaten untermischen.
DIE HÄLFTE DES TEIGES dünn ausrollen, auf ein mit Backpapier ausgelegtes Backblech legen. Die halbe Apfelfüllung in die Mitte des Teiges geben und mit dem Teig fest umschließen. Den zweiten Strudel ebenso herstellen. Mit verquirltem Eigelb bestreichen und im vorgeheizten Backofen bei ca. 180 Grad backen.
MIT STAUBZUCKER bestreuen.

TIPP: Der Strudel schmeckt am besten, wenn er noch warm ist. Mit geschlagener Sahne oder Vanillesoße servieren.

ANMERKUNG DER REDAKTION:
Anders als beim klassischen hauchdünnen Strudel werden hier Äpfel in einen Mürbeteig eingerollt.

Üppig belegter ***Trauben-Krokant-Kuchen,*** *als Torte gebacken. Am schönsten sind kernlose helle Trauben.*

Trauben-Krokant-Kuchen

Traude Ellenberger,
67550 Worms-Ibersheim

Boden:
6 Eier,
150 g Zucker,
1 Päckchen Vanillezucker,
1 TL Backpulver,
150 g Mehl;
Füllung:
8 Blatt Gelatine,
125 ml heller Traubensaft,
2 EL Zitronensaft,
150 g Zucker,
500 g Schmand,
500 g Sahne,
100 g Krokant;
Belag:
1,5 kg Trauben;
Guss:
1/2 l Traubensaft,
2 Päckchen Tortenguss

AUS DEN ZUTATEN einen Biskuit bereiten und in einer Fettpfanne im vorgeheizten Backofen bei 200 Grad ca. 15 Minuten backen.
FÜR DIE FÜLLUNG Gelatine einweichen und auflösen. Trauben- und Zitronensaft sowie Zucker und Schmand miteinander verrühren. Die aufgelöste Gelatine unterrühren. Sahne steif schlagen und zusammen mit dem Krokant unterheben. Die Creme auf den erkalteten Biskuitboden geben und im Kühlschrank fest werden lassen.
FÜR DEN BELAG die Trauben vorbereiten und auf der erstarrten Creme verteilen. Tortenguss nach Packungsaufschrift kochen und die Trauben damit überziehen. Kuchen kalt stellen.

ANMERKUNG DER REDAKTION:
Am schönsten sind kernlose Trauben. Die Zuckermenge in der Füllung kann reduziert werden.

Zwetschgentarte mit Marzipan

Karin Werner, 24214 Lindau

Boden:
200 g Mehl,
150 g Butter,
1 EL Zucker,
1 Prise Salz,
1 Eigelb;
Füllung:
200 g Marzipanrohmasse,
6 EL Rum,
4 Zwiebäcke,
1 kg Zwetschgen;
Streusel:
100 g Marzipanrohmasse,
20 g Zucker,
50 g Butter,
1 TL Zimt,
Puderzucker zum Bestreuen

FÜR DEN BODEN aus den Zutaten einen Mürbeteig herstellen, 2 Stunden kalt stellen. Teig in eine gefettete Springform geben und am Rand etwas hochziehen.
FÜR DIE FÜLLUNG Marzipan und Rum zu einer geschmeidigen Masse rühren und auf den Teig streichen. Den Zwieback fein zerkrümeln und darüberstreuen. Die vorbereiteten Zwetschgen halbieren und daraufsetzen.
FÜR DIE MARZIPANSTREUSEL alle Zutaten miteinander verkneten. Streusel auf die Zwetschgen streuen.
KUCHEN IM VORGEHEIZTEN Backofen bei 170 Grad ca. 1 Stunde backen, eventuell nach 45 Minuten oben abdecken. Anschließend noch 5 bis 10 Minuten im ausgeschalteten Backofen stehen lassen.

Immer ein Genuss – frischer Zwetschgenkuchen.
Im Rezept lecker abgewandelt als
Zwetschgentarte mit Marzipan.

Vom Blech und aus der Form

Das Rezept für den ***Buebechueche,*** *den Schweizer Knabenkuchen, finden Sie auf Seite 59.*

Blechkuchen

Leckere Cremeschnitten, saftige Blechkuchen mit Obst oder gebackene Quark-Mohn-Stücke kann man jeden Tag essen. Hier sind die besten Rezepte dafür!

Apfelkuchen in allen Variationen sind nicht nur in der Obstsaison beliebt. Probieren Sie doch auch mal das Rezept vom **Apfeltraum vom Blech!**

Agnes Bernauer-Schnitten

Agnes Köring, 94363 Oberschneiding

Boden:
10 Eiweiß,
1 Prise Salz,
450 g Zucker,
80 g Mehl,
2 Messerspitzen Zimt,
250 g gehackte Mandeln;
Belag:
30 g Butter,
200 g Mandelblättchen,
30 g Puderzucker;
Füllung:
1/4 l Milch,
1/4 l Kaffee,
40 g Zucker,
1 Päckchen Vanillepuddingpulver,
200 g Butter,
2 bis 3 EL Puderzucker

FÜR DEN BELAG Butter in einer Pfanne schmelzen lassen. Mandelblättchen mit dem Puderzucker mischen. In der Pfanne unter ständigem Rühren etwas bräunen, herausnehmen und auskühlen lassen.
FÜR DIE BUTTERCREME die Milch mit dem Kaffee verrühren. Zucker in einem Topf karamellisieren lassen, danach die Kaffeemilch vorsichtig dazugeben. Unter Rühren den Karamell auflösen lassen. Aus der Karamellmilch und dem Vanillepuddingpulver einen Pudding ohne Zuckerzugabe kochen, unter Rühren auskühlen lassen. Butter schaumig rühren und abwechselnd etwa 2/3 des kalten Puddings und den Puderzucker unterrühren. Rest des Puddings anderweitig verwenden.
FÜR DEN MANDELBAISER Eiweiß mit 1 Prise Salz sehr steif schlagen. 300 g Zucker langsam einrieseln lassen und weiterschlagen, bis die Masse steif und glänzend ist. Den restlichen Zucker mit Mehl, Zimt und den gehackten Mandeln vermischen und vorsichtig unter die Baisermasse heben. Drei Backbleche mit Alufolie auslegen und dick mit Butter bestreichen. Masse auf die Bleche verteilen und im Backofen bei 180 Grad (keine Umluft) hellbraun backen. Das fertige Gebäck auf ein Kuchengitter stürzen und sofort die Alufolie abziehen.
EINE GEBÄCKPLATTE dünn mit Buttercreme bestreichen, die zweite Platte daraufdrücken. Wieder mit Buttercreme bestreichen und dann die letzte Gebäckplatte daraufdrücken. Mit Buttercreme bestreichen. Danach dick mit den gebräunten Mandelblättchen bestreuen und mit Puderzucker besieben. Mindestens einen Tag ziehen lassen.

ANMERKUNG DER REDAKTION: Man kann auch den gesamten Pudding unter die Buttercreme geben.

Apfeltraum vom Blech

Albert und Ursula Bauer, 94118 Jandelsbrunn

Boden:
500 g Mehl,
200 g Zucker,
1 Päckchen Vanillezucker,
1 Prise Salz,
2 TL Backpulver,
2 Eier,
250 g kalte Butter;
Belag:
100 g gemahlene Mandeln,
30 g Zucker,
2 TL Zimt;
Füllung:
1 kg Äpfel,
1 EL Cointreau,
1 Päckchen Vanillepuddingpulver,
Zimt-Zucker nach Belieben,
500 g Sahne,
1 Päckchen Vanillezucker,
Puderzucker

AUS DEN TEIGZUTATEN einen Mürbeteig zubereiten. Teig in eine Folie wickeln und mindestens 1/2 Stunde kalt stellen. Teig halbieren, auf zwei mit Backpapier belegten Blechen ausrollen und mit einer Gabel mehrfach einstechen. Die Zutaten für den Belag trocken vermischen und auf beiden Mürbeteigböden verteilen. Die Böden im Backofen bei 175 Grad in 15 bis 20 Minuten hell backen.
FÜR DIE FÜLLUNG die Äpfel schälen, klein würfeln und mit dem Cointreau etwa 5 Minuten weich dünsten, evtl. mit Zucker und Zimt abschmecken. Das Vanillepuddingpulver mit 4 EL Wasser glatt verrühren, die Äpfel

damit binden. Apfelmasse auf einem der beiden Böden verteilen und abkühlen lassen.
DIE SAHNE mit Vanillezucker steif schlagen. Sahne auf der kalten Apfelmasse verstreichen, den zweiten Boden mit der Mandelzuckerseite nach oben auflegen und mit Puderzucker bestäuben. Den Kuchen über Nacht ziehen lassen.

Aprikosen-Nougat-Blechkuchen

H.W. Schmöring, 51063 Köln

Boden:
100 g Nougat-Schokolade,
200 g schnittfestes Nussnougat,
450 g Mehl,
200 g Zucker,
275 g Butter,
2 Eier,
1 Prise Salz,
35 g Kakao,
1 Päckchen Backpulver,
einige Tropfen Backöl Butter-Vanille;
Belag:
1 kg Aprikosen (entsteint und leicht gedünstet),
125 g Butter, 300 g Zucker,
1,5 kg Magerquark,
6 Eier,
1 1/2 Päckchen Vanillepuddingpulver,
etwas Backöl Butter-Vanille;
Außerdem:
Puderzucker zum Bestäuben

FÜR DEN BODEN die Schokolade grob hacken, Nussnougat in Würfel schneiden. Aus den anderen Zutaten einen glatten Mürbeteig kneten. Die gehackte Schokolade und die Hälfte der Nougatwürfel unterkneten und den Nougatteig 1/2 Stunde zugedeckt kalt stellen.

Schnell gebacken und gut einzufrieren ist der **Butterkuchen mit Roter Grütze.**

FÜR DEN BELAG die Butter schmelzen. Quark, Zucker und Eier verrühren. Vanillearoma, Puddingpulver und das flüssige Fett hinzugeben.
2/3 DES TEIGES ausrollen und auf ein tiefes gefettetes Backblech geben. Die abgetropften Aprikosen darauf verteilen. Quarkmasse glatt darüberstreichen. Restlichen Teig ausrollen und in kleine Stücke zupfen. Teigflecken und zurückgelassene Nougatwürfel auf der Quarkmasse verteilen.
DEN KUCHEN bei 175 Grad ca. 50 Minuten backen. Auskühlen lassen und mit Puderzucker bestäuben.

ANMERKUNG DER REDAKTION:
Kräftiger Nougatgeschmack!

Buebechueche (Knabenkuchen)

Susanna Lehmann, CH-3123 Belp

Zutaten:
250 g Butter,
200 g Kochschokolade (Blockschokolade),
2 Tassen Zucker,
6 Eier,
2 Tassen Mehl

DEN BACKOFEN auf 240 Grad vorheizen. Die Butter und die Kochschokolade in einer Pfanne langsam unter Rühren schmelzen. Zucker, Eier und Mehl miteinander verrühren und zur Schokoladen-Butter-Masse hinzugeben. Alles gut miteinander vermischen.
RÜHRTEIG auf ein mit Backtrennpapier ausgelegtes Backblech (ca.40 x 40 cm) verteilen, glatt streichen und im vorgeheizten Backofen bei 200 Grad etwa 10 bis 20 Minuten backen.

Butterkuchen mit Roter Grütze

Judith Knapp, 74545 Michelfeld

Boden:
250 g Sahne,
4 Eier,
200 g Zucker,
1 Päckchen Vanillezucker,
geriebene Schale 1 unbehandelten Zitrone,
1 Prise Salz,
250 g Mehl,
50 g Vollkornmehl,
1 EL Backpulver;
Belag:
500 g Rote Grütze,
125 g Butter,
200 g Mandeln,
4 EL Milch,
4 EL Zucker

FÜR DEN BODEN die Sahne mit Eiern, Zucker, Vanillezucker, Zitronenschale und Salz schaumig rühren. Mehl und Backpulver vermischen und kurz unterrühren. Den Teig auf ein Backblech geben, glatt streichen und bei 175 Grad ca. 10 Minuten backen lassen.
FÜR DEN BELAG die Butter mit den Mandeln, der Milch und dem Zucker in einem Topf schmelzen und karamellisieren lassen.
NACH ETWA 10 MINUTEN BACKZEIT den Kuchen aus dem Backofen holen. Die Oberfläche des Kuchens muss dann geschlossen sein. Rote Grütze auf dem Kuchen verteilen. Mandel-Karamell darauf verstreichen und den Kuchen etwa 20 Minuten weiterbacken.

TIPP! Der Kuchen lässt sich gut einfrieren.

Donauwellen mit Aprikosen

Inge Göttsch, 25548 Kellinghusen

Boden:
250 g Butter,
250 g Zucker,
6 Eier,
350 g Mehl,
1 Päckchen Backpulver,
2 EL Kakaopulver,
2 Dosen (à 850 ml) Aprikosen;
Füllung:
250 g Butter,
50 g Zucker,
1 Päckchen Vanillepuddingpulver,
1/2 l Milch;
Guss:
150 g Halbbitterkuvertüre,
150 g Vollmilchkuvertüre,
75 g Kokosfett

FÜR DEN BODEN Butter und Zucker schaumig schlagen. Die Eier nacheinander unterrühren. Mehl und Backpulver vermischen und unterrühren. Die Hälfte des Teiges auf ein gefettetes Backblech streichen.

Unter den restlichen Teig den Kakao rühren und vorsichtig auf dem hellen Teig verstreichen. Aprikosen abtropfen lassen und auf dem Teig verteilen. Kuchen im vorgeheizten Backofen bei 175 Grad ca. 35 Minuten backen. Auskühlen lassen.
FÜR DIE FÜLLUNG Puddingpulver mit Zucker und 4 EL Milch glatt verrühren. Restliche Milch aufkochen, Pulver einrühren, kurz aufkochen und Pudding auskühlen lassen. Butter schaumig rühren und den Pudding esslöffelweise darunter rühren. Buttercreme auf den Kuchen streichen. Kuchen kühl stellen, bis die Creme fest ist.
FÜR DEN GUSS Kuvertüre und Fett unter Rühren zerlassen und auf den Kuchen streichen. Guss etwas fest werden lassen, anschließend mit einem Tortenkamm wellenartig Streifen durch den Guss ziehen.

TIPP! Der Kuchen kann gut schon am Vortag zubereitet werden.

Eierlikörschnitten

Edeltraud Baumgartner, 85447 Fraunberg

Boden:
4 Eier,
175 g Zucker,
4 EL Wasser,
100 g Mehl,
100 g Speisestärke,
2 TL Backpulver;
Füllung:
1/2 l Milch,
2 Päckchen Sahne-Puddingpulver,
250 g Butter,
3 EL Puderzucker,
8 bis 12 EL Eierlikör,
Rum, beliebige Marmelade;
Belag:
1 Packung Butterkekse,
Rum, 200 g Schokoglasur

FÜR DEN BODEN aus den Teigzutaten einen Biskuitteig zubereiten. Teig auf ein mit Backpapier belegtes Backblech verteilen. Im vorgeheizten Backofen bei 175 Grad ca. 20 Minuten backen. Biskuit auskühlen lassen.

Der **Mohn-Quark-Kuchen vom Blech** kann auch mit Aprikosen fruchtig abgewandelt werden.

FÜR DIE FÜLLUNG aus Milch und Puddingpulver einen Pudding kochen, unter Rühren erkalten lassen. Butter, Puderzucker und Eierlikör schaumig schlagen und den Pudding nach und nach darunterrühren. Die Teigplatte mit Rum tränken und mit wenig Marmelade bestreichen. Puddingcreme darauf verteilen, mit den Butterkeksen belegen. Diese mit Rum bestreichen und mit dem aufgelösten Schokoguss überziehen.

TIPP: Zwischen den Keksen etwas Platz lassen, dann lassen sich die Schnitten besser schneiden.

Hefe-Nuss-Schnitten

Edith Keller, 74744 Ahorn

Boden:
250 g Butter oder Margarine,
6 Eigelb,
1 Würfel Hefe,
1 EL Zucker,
5 bis 6 EL Milch,
500 g Mehl;
Füllung:
400 g Nüsse,
300 g Zucker,
Schale von 1 unbehandelten Zitrone,
Marmelade zum Bestreichen;
Außerdem:
6 Eiweiß

FÜR DEN BODEN Butter mit dem Eigelb schaumig schlagen. Hefe, Zucker und Milch verrühren und gehen lassen. Hefemilch und das Mehl zur Fettmasse hinzugeben. Alles zu einem glatten Teig kneten. Teig in drei Stücke teilen.
FÜR DIE FÜLLUNG Nüsse mit Zucker und Zitronenschale vermischen. Den ersten Teig ausrollen und in die gefettete Fettpfanne legen. Teig ganz dünn mit Marmelade bestreichen, 1/3 der Nüsse darauf verteilen. Den zweiten Teig ausrollen, darauf legen und mit Marmelade bestrei-

chen. 1/3 der Nussmischung darüber verteilen. Den letzten Teig ausrollen und darauflegen.

DAS EIWEISS zu steifem Eischnee schlagen, den Rest der Nüsse leicht darunterziehen. Nussmasse auf den Teig gießen und 2 Stunden kalt stellen. Danach im vorgeheizten Backofen bei 200 Grad 20 Minuten backen.

Mohn-Quark-Kuchen vom Blech

Ute Keppeler, 87654 Blöcktach

Boden:
400 g Mehl,
1 TL Backpulver,
1 Beutel Zitroback,
100 g Zucker,
1 Prise Salz,
1 Päckchen Vanillezucker,
2 Eier,
200 g Butter;
Quarkbelag:
750 g Magerquark,
200 g Zucker,
1 Beutel Zitroback,
2 Eier,
1 Päckchen Vanillepuddingpulver,
100 g zerlassene Butter;
Mohnbelag:
2 Päckchen Fertigmohnmasse,
3 Eier;
Zum Bestreichen:
1 Eigelb,
1 EL Milch

FÜR DEN BODEN die Zutaten zu einem Mürbeteig verkneten und 1/2 Stunde kalt stellen. Den Backofen auf 175 Grad vorheizen.

FÜR DEN QUARKBELAG die Zutaten glatt verrühren. Für den Mohnbelag Mohn und Eier ebenfalls verrühren.

2/3 des Mürbeteiges auf einem Backblech ausrollen. Den Quarkbelag daraufstreichen und darüber die Mohnmasse verteilen.

RESTLICHEN TEIG ausrollen und mit einem Teigrädchen in schmale Streifen rädeln. Teigstreifen als Gittermuster auf den Mohnbelag legen.

Das Eigelb mit der Milch verquirlen und die Teigstreifen damit bestreichen. Im vorgeheizten Backofen bei 175Grad 40 bis 45 Minuten backen.

TIPP: Die Hälfte Zitroback reicht. Besser noch geriebene Zitronenschale verwenden.

Pflaumenwelle

Inge Höcht, 95688 Friedenfels

Boden:
250 g Butter oder Margarine,
250 g Zucker,
1 Päckchen Vanillezucker,
5 Eier,
1 Päckchen Zitroback,
3 TL Zimt,
1 Messerspitze Nelken,
1 Päckchen Backpulver,
300 g Mehl,
3 EL Rotwein;
Belag:
1 kg gefrorene Pflaumen (oder 3 Gläser eingemachte Pflaumen),
Rotwein,
2 Päckchen Tortenguss (rot),
2 EL Zucker;
Außerdem:
600 g Sahne,
2 Päckchen Vanillesoße ohne Kochen;
Zum Bestreuen:
2 TL Puderzucker,
1 TL Zimt,
1 TL Kakao

FÜR DEN BODEN Butter, Zucker und Vanillezucker schaumig rühren. Die Eier hinzugeben und schaumig schlagen. Die restlichen Zutaten für den Teig darunterrühren. Teig in eine gefettete und mit Paniermehl ausgestreute Fettpfanne streichen und mit den abgetropften Pflaumen belegen. Im Backofen bei 170 Grad ca. 45 Minuten backen.

FÜR DEN BELAG den Saft von den Pflaumen mit Rotwein auf 1/2 l auffüllen. Mit 2 EL Zucker abschmecken und mit Tortenguss binden. Den kalten Kuchen damit überziehen.

Sahne mit dem Soßenpulver schaumig rühren. Kuchen wellenförmig damit bestreichen.

Puderzucker, Zimt, Kakao mischen und den Kuchen damit bestreuen.

ANMERKUNG DER REDAKTION: Für den Boden genügt 1 TL Zimt.

Riesling-Kuchen

Leah Rauhut-Brungs, 53111 Bonn

Boden:
200 g Mehl,
1 Päckchen Vanillezucker,
1 Päckchen Backpulver,
65 g Zucker,
3 EL Weißwein,
3 kleine Eier,
50 g Butter oder Margarine;
Belag:
1 kleine Tasse Mehl,
1 kleine Tasse Zucker-Zimt-Mischung,
125 g Butter,
ca. 1/2 l Riesling

FÜR DEN BODEN aus den Teigzutaten einen Rührteig zubereiten. Eine Springform gut ausfetten und den Teig in die Form füllen.

Die Teigschicht mit einer Gabel mehrfach einstechen. Darauf eine

Riesling-Kuchen: *Raffiniert gebackener Rührteig mit frischem Riesling getränkt.*

Schokoladige **Schwedenbombenschnitten:** *Anstelle der mächtigen Buttercreme kann auch ein Schokoladenguss genommen werden.*

feine Schicht gesiebtes Mehl geben. Auf das gesiebte Mehl etwas von dem Zimt-Zucker streuen. Das ganze achtmal wiederholen.

Die eiskalte Butter in kleine Würfel schneiden und auf dem Teig verteilen. Den Kuchen anschließend großzügig mit dem Riesling beträufeln. Im Backofen bei 175 Grad ca. 20 bis 25 Minuten backen.

Schwedenbombenschnitten

Theresia Hagemann, A-3143 Pyhra

Boden:
100 g Butter,
100 g Puderzucker,
5 Eier,
100 g Schokolade,
50 g geriebene Nüsse,
70 g Mehl,
1/2 Päckchen Backpulver;
Belag:
1/2 l Milch,
2 Päckchen Schokoladenpuddingpulver,
200 g Butter,
ca. 100 g Kokosflocken;
Glasur:
250 g Kochschokolade (Blockschokolade)
ca. 50 g Butterschmalz,
etwas Kokosfett;
Außerdem:
Kokosflocken zum Bestreuen

Für den Boden die Eier trennen. Butter mit Puderzucker und Eigelb schaumig rühren. Schokolade schmelzen und zusammen mit den Nüssen unterrühren. Mehl und Backpulver vermischen und ebenfalls untermischen. Das Eiweiß zu steifem Schnee schlagen und locker unter die Masse heben. Masse etwa 2 cm dick auf ein mit Backpapier ausgelegtes Backblech streichen und bei ca. 160 Grad etwa 20 Minuten backen.

Für die Creme aus Milch und Schokoladenpuddingpulver einen Pudding kochen und unter Rühren erkalten lassen. Die Butter schaumig rühren. Das Kokosfett zerlassen und etwas abgekühlt unter die Butter rühren. Nach und nach den Pudding darunterrühren. Die Creme auf den ausgekühlten Boden streichen.

Für die Glasur die Schokolade mit dem Butterschmalz und etwas Kokosfett schmelzen. Guss über den Kuchen gießen und mit Kokosflocken dicht bestreuen.

Schwedischer Apfelbiskuit

Frauke Beckmann-Schlüter,
49124 Georgsmarienhütte

Boden:
4 Eier,
200 g Zucker,
150 g Mehl,
150 g Dinkelmehl,
1 Päckchen Backpulver,
1/8 l Milch,
150 g Butter;
Belag:
1 kg Äpfel,
40 g gehobelte Mandeln,
2 bis 3 EL Zimt-Zucker

Für den Boden die Eier mit dem Zucker schaumig rühren. Das Mehl mit dem Backpulver vermischen und darunterrühren. Die Milch mit der Butter in der Mikrowelle auflösen und vorsichtig unter die Masse rühren. Den Teig auf eine gefettete Fettpfanne streichen.
Für den Belag die Äpfel schälen, vierteln, entkernen und auf dem Teig verteilen. Die Mandeln und den Zimt-Zucker gleichmäßig darüberstreuen. Kuchen im Backofen bei 170 Grad ca. 30 Minuten backen.

Anmerkung der Redaktion: Dinkel bringt einen nussigen Geschmack.

Tomaten-Zimt-Kuchen

Dagmar Loessing, 26844 Pogum

Teig:
3 Eier,
1 Päckchen Vanillezucker,
1 Päckchen Backpulver,
20 EL Zucker,
20 EL Mehl,
20 EL Öl,
500 g passierte Tomaten,
1 EL Zimt;
Außerdem:
Butter für die Form

Den Backofen auf 200 Grad vorheizen. Die Eier ca. 2 Minuten schaumig schlagen, danach alle anderen Zutaten hinzugeben und verrühren. Zum Schluss den Zimt unterrühren.

Teig auf ein gefettetes Backblech geben. Kuchen auf der mittleren Schiene des Backofens bei 200 Grad etwa 15 Minuten backen. Mit einem Holzstäbchen die Garprobe machen.

Zimt-Mandel-Schnitten

Tanja Bünting, 26487 Blomberg

Boden:
250 g Sahne,
175 g Zucker,
1 Prise Salz,
3 Eier,
250 g Mehl,
1 TL Zimt,
1/2 Päckchen Backpulver,
1 TL Lebkuchengewürz;
Belag:
100 g Butter,
50 g Sahne,
40 g Zucker,
2 Päckchen Vanillezucker,
150 g Mandelblättchen,
100 g kandierte Früchte

Für den Boden die Sahne steif schlagen, Zucker, Salz und die Eier darunterrühren. Mehl, Zimt, Backpulver und Lebkuchengewürz vermischen und unter die Schaummasse heben. Teig auf ein gefettetes Backblech streichen und im Backofen bei 200 Grad etwa 15 Minuten backen.
Für den Belag die Butter mit Zucker, Vanillezucker, Sahne, Mandeln und Früchten aufkochen. Masse auf dem vorgebackenen Kuchen verteilen und weitere 12 bis 15 Minuten backen.
Den Kuchen zum Servieren in kleine Rechtecke schneiden.

Schwedischer Apfelbiskuit *mit einem leckeren Belag aus Äpfeln, Zimt-Zucker und Mandeln.*

Passierte Tomaten geben dem **Tomaten-Zimt-Kuchen** *die Farbe und machen ihn schön saftig.*

Rührkuchen

Lockere Rührkuchen dürfen auf keinem Buffet fehlen. Hiervon können sich die Gäste selbst eine dicke Scheibe abschneiden!

Den feinen Rührteig der **Brauttorte** *kann man mit verschiedenen Früchten aus dem Garten mischen.*

Brauttorte mit Kirschen

Marianne Heyng, 33775 Versmold

Boden:
375 g Butter,
275 g Zucker,
375 g Mehl (fein gesiebt),
3 Eier,
4 Eigelb,
2 bis 3 EL Rum;
Belag:
1 Glas Sauerkirschen,
4 Eiweiß,
150 g Zucker
250 g geriebene Mandeln;
Außerdem:
Puderzucker

DIE TEIGZUTATEN nacheinander zu einem feinen Rührteig verarbeiten. 2/3 des Teiges in eine gefettete Springform füllen und mit den abgetropften Sauerkirschen belegen.
FÜR DEN BELAG das Eiweiß zu steifem Schnee schlagen, den Zucker langsam einrieseln lassen und die geriebenen Mandeln unterheben. Mandelbaiser auf die Schicht Kirschen streichen und mit dem Rest des Rührteiges überziehen.
DEN KUCHEN bei 175 Grad 60 bis 70 Minuten backen; auskühlen lassen und mit Puderzucker bestäuben. Der Kuchen schmeckt am besten, wenn er 2 bis 3 Tage durchgezogen ist.

ANMERKUNG DER REDAKTION:
Den gehaltvollen Kuchen in kleine Stücke schneiden.

Großmutters Kartoffelnusskuchen

Marlies Pasch, 42489 Wülfrath

Boden:
200 g Butter,
200 g Zucker,
1 Päckchen Vanillezucker,
4 Eigelb,
400 g Mehl,
2 Päckchen Backpulver,
400 g gekochte Kartoffeln vom Vortag (fest kochende);
Füllung:
250 g gemahlene Nüsse,
200 g Zucker,
4 Eiweiß;
Guss:
1 Becher Schokoladenglasur

FÜR DEN BODEN die Butter schaumig rühren, Zucker, Vanillezucker und Eigelb unterrühren. Mehl, Backpulver und die locker geriebenen Kartoffeln hinzufügen und unter den Teig kneten. Den Teig zwischen 2 Klarsichtfolien ausrollen.
FÜR DIE FÜLLUNG Eiweiß und Zucker zu festem Baiser schlagen. Die Nüsse darunterheben. Die obere Folie vom Teig abziehen und mit der Nussmasse bestreichen. Den Kuchen mit Hilfe der Folie aufrollen und (evtl. in mehreren Teilen) in eine gefettete und mit Paniermehl ausgestreute Kranzform (28 cm) legen. Im Backofen bei 175 Grad etwa 1 Stunde backen.
KUCHEN aus der Form stürzen, erkalten lassen und mit der flüssigen Schokoladenglasur bestreichen.

Marzipan-Torte *(Rezept Seite 67), in der Kranzform gebacken und mit einer Kugel Vanilleeis serviert.*

Aus nur drei Zutaten – Eiern, Zucker und Nüssen – wird der **Nusskuchen „Uschi"** *gebacken.*

Marzipan-Torte

Reinhild Humke, 24229 Schwedeneck

Boden:
250 g Butter,
250 g Zucker,
250 g Marzipanrohmasse,
6 Eier,
1 Gläschen Rum,
250 g gemahlene Mandeln,
65 g Paniermehl,
200 g geriebene Blockschokolade,
1 EL Kakao;
Guss:
150 g Puderzucker,
25 g Kakao,
25 g Palmin,
1 bis 3 EL Wasser;
Zum Garnieren:
evtl. geröstete Mandelblättchen

FÜR DEN RÜHRTEIG die Eier trennen. Butter, Zucker und klein gewürfeltes Marzipan mit dem Eigelb und Rum schaumig rühren. Das Eiweiß zu steifem Eischnee schlagen und auf den Teig geben. Mandeln, Paniermehl, Schokolade und Kakao vermischen und ebenfalls hinzugeben. Alles locker mit dem Teig vermischen. Teig in eine gefettete Springform geben und im Backofen bei 160 Grad etwa 1 Stunde backen.
FÜR DEN GUSS das Fett schmelzen. Die übrigen Zutaten zugeben und aufkochen. Etwas abkühlen lassen und die noch lauwarme Torte damit überziehen.
DEN RAND nach Belieben mit gehobelten gerösteten Mandeln verzieren.

Nusskuchen „Uschi"

Else Brunkhorst, 31698 Lindhorst

Teig:
10 Eier,
300 g Zucker,
380 g gemahlene Haselnüsse;
Guss:
5 EL Puderzucker,
3 bis 4 EL Zitronensaft

FÜR DEN TEIG die Eier trennen. Das Eigelb mit dem Zucker schaumig rühren, die gemahlenen Haselnüsse unterziehen. Das Eiweiß steif schlagen und ebenfalls unterziehen. Den Teig in eine Kasten- oder Kranzform füllen. Im Backofen bei 170 Grad (Umluft) 1 Stunde backen lassen.
FÜR DEN GUSS Puderzucker mit Zitronensaft glatt verrühren und über den Kuchen geben.

Omas Stachelbeertorte

Elke Hamann, 24582 Bissee

Boden:
6 Eier,
1 Tasse Zucker,
Saft und Schale von 1 unbehandelten Zitrone,
12 gehäufte EL Zwiebackmehl,
1 Glas Stachelbeeren (1-Liter-Glas);
Füllung:
1 kg Sahne,
2 EL Zucker

FÜR DEN BODEN die Eier trennen. Eigelb mit Zucker, Zitronenschale und Zitronensaft sehr schaumig schlagen. Stachelbeeren abtropfen lassen und einige zum Verzieren beiseite stellen. Zwiebackmehl und Stachelbeeren unter den Teig rühren.

Das Eiweiß zu festem Eischnee schlagen und locker unter die Teigmasse heben. Teig in eine gefettete Springform (28 cm) geben. Im Backofen bei 170 Grad ca. 45 Minuten backen. Kuchen auskühlen lassen, anschließend waagerecht zweimal durchschneiden.
FÜR DIE FÜLLUNG die Sahne mit dem Zucker steif schlagen, etwas zum Garnieren beiseite stellen. Mit der restlichen Sahne die Torte füllen und rundum bestreichen. Torte mit Sahnetupfen und Stachelbeeren verzieren.

ANMERKUNG DER REDAKTION: Auch ohne Sahnefüllung toll!

Unter einem dicken Schokoladenguss bleibt **Großmutters Kartoffelnusskuchen** *(Rezept Seite 64) lange saftig und frisch.*

Angesagtes Gebäck für Kids und Teens

Nicht nur für junge Leute: **Frischkäse-Hörnchen** *sind auf dem Kuchenbuffet die ideale Ergänzung zu Torten und Teilchen.*

Ohne Törtchen und Teilchen, Mini-Küchlein und süße Knabbereien ist ein Fest für junge Leute nur halb so gut. Wer einmal probiert hat, isst schnell ein zweites Stückchen hinterher. Angesagt ist unser Gebäck aber auch zur mitternächtlichen Tasse Kaffee in langen Partynächten.

Bayerische Rumknödel

Hedwig Lösch, 92256 Hahnbach

Boden:
5 Eier,
3 EL kaltes Wasser,
190 g Zucker,
220 g Mehl,
1/2 Päckchen Backpulver,
40 g flüssige, lauwarme Butter;
Füllung:
3/8 l Milch,
200 g Zucker,
3 Eier,
2 Päckchen Vanillezucker,
300 g Butter,
1 EL Puderzucker,
8 EL Rum (40%);
Zum Bestreuen:
Kokosraspel,
Schokoladenraspel

FÜR DEN TEIG aus den Zutaten einen Biskuitteig herstellen. Teig auf ein mit Backpapier belegtes Backblech streichen. Im vorgeheizten Backofen bei 180 Grad ca. 20 Minuten hell backen. Abkühlen lassen.
FÜR DIE FÜLLUNG aus Milch, Zucker, Eiern und Vanillezucker eine abgeschlagene Vanillecreme herstellen. Dafür alle Zutaten unter Rühren zum Kochen bringen und 1 Minute kochen lassen. Sofort vom Herd nehmen und kaltrühren. Die Butter mit Puderzucker und Rum schaumig schlagen. Die erkaltete Vanillecreme nach und nach unterrühren (beide Cremes müssen die gleiche Temperatur haben).
FÜR DIE HERSTELLUNG der Knödel den Biskuitboden zerbröseln, mit der Creme vermischen und kalt stellen. Aus der Masse kleine Knödel formen. Kokosraspel mit Schokoladenraspeln mischen. Die Knödel darin wenden und auf Törtchenpapier setzen.

Drachenfutter

Wilma Franzen, 25832 Tönning

Zutaten:
150 bis 200 g Honig,
75 g Butter,
80 g Sesam,
80 g Sonnenblumenkerne,
200 g Haferflocken,
etwas Vanillemark

DEN HONIG mit der Butter in einem Topf bei geringer Hitze schmelzen. Sesam und Sonnenblumenkerne in einer Pfanne ohne Fett leicht anrösten, aus der Pfanne nehmen. Haferflocken und Vanillemark vermischen. Alles zum Honig geben und aus der Masse kleine Häufchen auf ein mit Backpapier ausgelegtes Backblech setzen. Im vorgeheizten Backofen bei 170 Grad ca. 20 Minuten backen.
PLÄTZCHEN erst nach dem Erkalten vom Backblech nehmen und in geschlossenen Dosen aufbewahren.

Frischkäse-Hörnchen

Anita Satzl, 84107 Weihmichl

Für 64 kleine Plätzchen
Teig:
200 g Butter,
200 g Doppelrahmfrischkäse,
300 g Mehl;
Zum Ausrollen:
20 g braunen Zucker,
20 g Zucker,
20 g gemahlene Haselnüsse

FÜR DEN TEIG Butter, Doppelrahmfrischkäse und Mehl verkneten, 2 Stunden zugedeckt ruhen lassen. Zucker und gemahlene Haselnüsse mischen. Den Teig in 4 gleiche Teile teilen.
DIE ZUCKER-NUSSMISCHUNG ebenfalls vierteln, jeweils 1 Portion Zucker auf Folie streuen. Je 1 Stück Teig darauflegen, mit Folie bedecken und Teig dünn und rund (26 bis 28 cm) ausrollen.
AUS JEDEM der 4 Teile 16 Tortenstücke schneiden. Tortenstücke von der breiten Seite her zu einem Hörnchen aufrollen. Mit der gerollten Teigspitze nach unten auf ein gefettetes Backblech legen.
Im vorgeheizten Backofen bei 175 Grad ca. 12 bis 15 Minuten backen.

Aus Biskuit und einer Rum-Buttercreme werden die Bayerischen Rumknödel *geformt.*

In Dosen verpackt lässt sich das Drachenfutter *gut aufbewahren und verschenken, wenn es nicht schon vorher verputzt wird.*

Haferflocken-Nuss-Plätzchen

Ulrike Fuchs Ziegler, 73453 Pommertsweiler

Zutaten:
125 g feine Haferflocken,
125 g Mehl,
1/2 TL Backpulver,
1/2 TL Natron,
1 Prise Salz,
150 g weiche Butter,
225 g Zucker,
1 großes Ei,
2 bis 3 Tropfen Vanillearoma,
100 g gehackte Haselnüsse,
175 g geraspelte Zartbitter- oder Blockschokolade

FÜR DEN TEIG Haferflocken, Mehl, Backpulver, Natron und Salz mischen. Butter, Zucker, Ei und Vanillearoma schaumig rühren. Mehlmischung, Haselnüsse und Schokolade unterheben.
AUS DEM TEIG kleine Kugeln formen, auf ein mit Backpapier belegtes Backblech setzen. Kugeln auf dem Backblech etwas flach drücken und im vorgeheizten Backofen bei 190 Grad etwa 12 bis 15 Minuten backen.

Haferflocken-Nuss-Plätzchen *an einer Seite in flüssige Kuvertüre tauchen. So erhalten sie einen leckeren Schokoladenüberzug.*

Hausgemachte Mohrenköpfe

Daniela Schmitt, 86500 Kutzenhausen

Für ca. 25 Mohrenköpfe
Boden:
250 g Butter oder Margarine,
250 g Zucker,
4 Eier,
1 Päckchen Vanillezucker,
250 g Mehl,
1 TL Backpulver,
2 EL Kakao;
Füllung:
1 Päckchen Sahnepuddingpulver,
knapp 1/2 l Milch,
1 EL Zucker,
200 g Butter;
Außerdem:
ca. 5 bis 6 EL Quittengelee,
1 EL Rum;
Guss:
300 g Kuvertüre,
50 g Kokosraspel

FÜR DEN BODEN aus den Zutaten einen Rührteig herstellen. 2 Backbleche mit Backpapier auslegen. Eine Hälfte des Teiges gleichmäßig auf ein Backblech streichen. Unter den restlichen Teig den Kakao rühren, Teig auf das zweite Backblech verteilen.

Nacheinander im vorgeheizten Backofen bei 200 Grad ca. 18 Minuten backen. Auf ein Kuchengitter stürzen, Papier abziehen und abkühlen lassen.
FÜR DIE FÜLLUNG den Pudding nach Vorschrift kochen und kaltrühren. Butter leicht cremig rühren, Pudding löffelweise unterrühren.
AUS DEN GEBACKENEN BÖDEN Kreise ausstechen (4 cm) und mit Gelee bestreichen. Je 3 Kuchenteile im Wechsel mit 2/3 der Creme aufeinander setzen (je 2 helle und 1 dunklen oder umgekehrt).
KUCHENRESTE zerbröseln, mit Gelee, Rum und restlicher Creme vermischen. Daraus für jeden Mohrenkopf eine Kuppe formen. Das Türmchen mit flüssiger Kuvertüre bestreichen und mit Kokosraspeln bestreuen.

ANMERKUNG DER REDAKTION: Für kleineres Gebäck nur 2 Schichten übereinander setzen. Die Möhrenköpfe bleiben länger frisch, wenn Sie diese ganz mit Kuvertüre überziehen. Dann eventuell etwas mehr Kuvertüre einkalkulieren.

Kirsch-Joghurt-Muffins

Julia Bauer, 91171 Greding

Teig:
40 g Butter,
1 Ei,
90 g Zucker,
1 TL Vanillezucker,
150 g Joghurt,
100 g Mehl,
25 g gehackte Mandeln,
25 g gemahlene Mandeln,
1 TL Backpulver;
Außerdem:
150 g entsteinte frische Kirschen
Zum Bestäuben:
Puderzucker

FÜR DEN RÜHRTEIG die Butter zerlassen. Ei mit Zucker und Vanillezucker schaumig schlagen. Butter und Joghurt zugeben. Mehl sieben, mit Mandeln und Backpulver mischen und unterrühren. Kirschen unterheben. Teig in Papierförmchen oder ein gefettetes Muffinblech füllen. Muffins im vorgeheizten Backofen bei 175 Grad etwa 20 bis 30 Minuten backen.
MIT PUDERZUCKER bestäubt servieren.

TIPP: Papierförmchen am besten doppelt nehmen. Die Muffins sind beim Backen dann standfester.

Kommen bei Kindern immer gut an: Kirsch-Joghurt-Muffins *mit Puderzuckerhaube.*

Kernig: **Knusperecken** mit Pistazien, Sonnenblumenkernen und Mandeln.

Ruck, zuck gemacht und gut vorzubereiten sind die **Kokosbällchen**, die aus fertigen Eierplätzchen zusammengesetzt werden.

An der Unterseite mit Schokolade bestrichen und obenauf mit einer Kirsche verziert werden die **Knusperkreise** aus einer gebackenen Mandel-Honig-Masse.

Knusperecken

Rosina Zieglgänsberger, 83530 Schnaitsee

Boden:
300 g Dinkelmehl,
1/2 TL Backpulver,
130 g Zucker,
1 Päckchen Vanillezucker,
1 Prise Salz,
1 Ei,
130 g Butter;
Belag:
100 g Butter,
100 g Zucker,
1 Päckchen Vanillezucker,
200 g Sonnenblumenkerne,
50 g grob gehackte Pistazienkerne,
50 g abgezogene gehobelte Mandeln,
2 EL Wasser;
Außerdem:
etwas Aprikosenkonfitüre,
Schokoglasur

FÜR DEN BODEN aus den Zutaten einen Mürbeteig herstellen und auf einem gefetteten Backblech ausrollen. Anschließend dünn mit Aprikosenkonfitüre bestreichen.
FÜR DEN BELAG Butter und Zucker in einem Topf schmelzen lassen. Restliche Zutaten darunterrühren. Den Belag auf dem Mürbeteig verteilen. Im vorgeheizten Backofen bei 200 Grad ca. 20 bis 30 Minuten backen.
NACH DEM AUSKÜHLEN den Kuchen in Dreiecke schneiden und nach Belieben mit etwas Schokoladenglasur verzieren.

Knusperkreise

Jutta Lang, 97215 Uffenheim

Teig:
125 g Sahne,
120 g Zucker,
30 g Butter,
30 g Honig,
300 g Mandelblättchen;
Außerdem:
Kuvertüre zum Bestreichen

Alle Zutaten bis auf die Mandelblättchen in einen Topf geben und aufkochen. Mandelblättchen unterrühren und auf ein mit Backpapier belegtes kleines Backblech streichen. Im vorgeheizten Backofen bei 180 bis 200 Grad hellbraun backen.

Noch lauwarm mit einem Krapfenausstecher runde Kreise ausstechen. Kreise auskühlen lassen und die Unterseite mit Schokolade bestreichen.

TIPP: Sie haben keinen Verlust, wenn Sie Dreiecke oder Vierecke schneiden.

Kokosbällchen

Katharina Ernst, 74921 Helmstadt-Bargen

Zutaten:
ca. 400 g runde Eierplätzchen,
ca. 125 g Mascarpone,
ca. 2 Becher Sahne,
Kokosraspel

DIE EIERPLÄTZCHEN auf der glatten Seite dünn mit etwas Mascarpone bestreichen und mit einem zweiten Plätzchen zusammensetzen. Anschließend kurz in die flüssige Sahne tauchen, sofort in Kokosraspeln wälzen. Plätzchen in ein fest verschließbares Gefäß geben und über Nacht durchziehen lassen.

Müsliriegel

Anette Bösch, 21730 Balje

Zutaten:
200 g kernige Haferflocken,
100 g Haferflecks,
100 g gehobelte Haselnüsse,
50 g Sonnenblumenkerne,
50 g Kokosraspel,
70 g Butter,
60 g Zucker,
150 g Honig,
1 EL Zitronensaft

ALLE FLOCKEN, Kerne und Nüsse mischen. In einem großen Topf Butter, Zucker und Honig erhitzen und etwas karamellisieren lassen. Dann den Zitronensaft zugeben und sogleich die Flocken-Nuss-Mischung. Das Ganze gut vermengen, so dass die Honigmischung alle Flocken und Körner umgibt.
DIE WARME MISCHUNG sofort auf ein mit Backpapier belegtes Backblech geben, sorgfältig glatt streichen und festdrücken. Etwa 15 Minuten fest werden lassen, anschließend mit einem Messer Riegel daraus schneiden, ganz auskühlen lassen. Die kalten Riegel in einer Dose aufbewahren.

TIPP: Besonders lecker, wenn Sie die Riegel auch an der Unterseite in flüssige Kuvertüre tauchen.

Muffins „Maiwonne“

Simone Lammers, 48231 Freckenhorst

Teig:
100 g Rhabarber,
100 g Erdbeeren,
175 g Butter,
125 g feiner Zucker,
4 Eier,
1/2 Fläschchen Backöl Butter-Vanille,
200 g Mehl,
25 g Speisestärke,
1 TL Backpulver,
3 bis 4 EL Milch;
Guss:
175 g Erdbeerkonfitüre,
2 EL Limettensaft

RHABARBER UND ERDBEEREN vorbereiten und in kleine Stücke schneiden. Butter und Zucker schaumig schlagen, Eier nach und nach unterrühren, Vanille-Aroma zufügen. Das Mehl mit Speisestärke und Backpulver vermischen, sieben und mit der Milch unterziehen.

Das Obst locker untermischen. Teig nach Belieben in Papierförmchen füllen, diese – wenn vorhanden – in eine Muffinform stellen und im vorgeheizten Backofen bei 175 Grad ca. 20 bis 25 Minuten backen und auskühlen lassen.
FÜR DEN GUSS die Konfitüre durch ein Sieb streichen, mit Limettensaft aufkochen und etwas einkochen lassen. Muffins damit bestreichen. Muffins nach Wunsch mit Erdbeeren garnieren.

Dünne Leckerei doppelt gebacken: Nuss-Tee-Kücher passen hervorragend zu einer Tasse Tee, starkem Kaffee oder Espresso.

Nuss-Tee-Kücher

Regina Große Osterholt, 48329 Havixbeck

Teig:
4 Eier,
210 g Zucker,
etwas Salz,
1 Vanilleschote (oder Vanillezucker),
300 g Mehl,
210 g ganze Haselnüsse,
30 g ganze Mandeln

FÜR DEN TEIG die Eier trennen. Eigelb, Zucker, Salz und das Mark einer Vanilleschote mit Mehl, Nüssen und Mandeln verkneten. Das Eiweiß steif schlagen und darunter kneten. Masse in einer gefetteten Kastenform im vorgeheizten Backofen bei 170 bis 180 Grad etwa 1 Stunde backen.
DEN KUCHEN stürzen, etwas abkühlen lassen und in ein feuchtes Geschirrtuch wickeln. Über Nacht kühl lagern.
AM NÄCHSTEN TAG den Kuchen mit der Brotschneidemaschine so dünn wie möglich in Scheiben schneiden. Scheiben einzeln auf ein Backblech legen. Im vorgeheizten Backofen bei 150 bis 160 Grad etwa 10 Minuten trocknen lassen.

Quarkküchle mit Aprikosen

Carmen Gebert, 74639 Zweiflingen-Westernbach

Für 9 Teilchen
Boden:
125 g Magerquark,
1 Ei,
75 g Zucker,
4 EL Milch,
4 EL Öl,
300 g Mehl,
1/2 Päckchen Backpulver;
Belag:
100 g Doppelrahmfrischkäse,
100 g Magerquark,
1 Ei,
25 g Zucker,
50 g Marzipan,
1 Päckchen Vanillezucker;
Außerdem:
9 Aprikosen (Dose),
1 EL Hagelzucker

FÜR DEN TEIG Quark, Ei, Zucker, Milch und Öl verrühren. Mehl und Backpulver unterkneten. Den Teig auf einer bemehlten Arbeitsfläche ausrollen und 9 Kreise (Durchmesser 10 bis 12 cm) ausstechen. Auf ein mit Backpapier belegtes Backblech setzen.
FÜR DIE FÜLLUNG den Frischkäse mit Quark, Ei, Zucker, Marzipan und Vanillezucker glatt verrühren.

In die Mitte der Teigkreise eine Mulde drücken. Je 1 EL Frischkäse-Marzipanmasse hineingeben, eine Aprikosenhälfte aufdrücken und mit Hagelzucker bestreuen. Im vorgeheizten Backofen bei 175 Grad etwa 15 Minuten backen.

ANMERKUNG DER REDAKTION:
Die Quarkküchle schmecken am besten, wenn sie ganz frisch gebacken und noch lauwarm sind.

Schnelle Schnecken: *Schnell gerollt, schnell gebacken und auch schnell gegessen.*

Schneebälle

Daniela Reichenbach, 87736 Böhen

Boden:
4 Eier,
4 EL heißes Wasser,
150 g Zucker,
1 Päckchen Vanillezucker,
100 g Mehl,
100 g Speisestärke,
2 bis 3 gestrichene TL Backpulver;
Füllung:
400-500 g Sahne
1 Dose Ananas in Stücken
1 Tasse Eierlikör
Außerdem:
Kokosflocken

AUS DEN TEIGZUTATEN einen Biskuitteig zubereiten. Teig auf ein mit Backpapier belegtes Backblech streichen. Im vorgeheizten Backofen bei 180 Grad ca. 20 Minuten hell backen.

Den Boden auskühlen lassen und klein krümeln.
FÜR DIE FÜLLUNG die Sahne steif schlagen. Abgetropfte Ananas klein schneiden und mit dem Eierlikör zu dem zerbröselten Biskuitboden geben. Schlagsahne ebenfalls hinzugeben und alle Zutaten gründlich vermischen. Aus der Masse Schneebälle formen und in Kokosflocken wenden. Im Kühlschrank fest werden lassen.

TIPP: Falls die Masse zu weich ist, einige Kokosflocken darunter mischen.

Die **Quarkküchle mit Aprikosen** *schmecken frisch und noch lauwarm am besten.*

Lockere Schneebälle aus einer Ananas-Biskuit-Sahne-Masse und in Kokosflocken gewendet.

Schnelle Schnecke

Astrid Thiesmeier, 32602 Vlotho

Teig:
250 g Mehl,
1/2 Päckchen Trockenbackhefe,
100 ml Milch,
1 bis 2 EL Zucker,
1 Prise Salz,
40 g Butter;
Außerdem:
450 g TK-Blätterteig,
1 Eiweiß;
Füllung:
100 g Fertigmohnmasse

Für den Hefeteig Mehl und Hefe mischen. Milch, Zucker, Salz und Butter erwärmen, hinzugießen und alles zu einem elastischen Teig verarbeiten. Abgedeckt ca. 1 Stunde gehen lassen.

Den Blätterteig antauen lassen. Hefeteig auf Größe der Blätterteigplatte ausrollen. Eiweiß dünn auf dem Hefeteig verstreichen und die Blätterteigplatte auflegen. Fertigmohnmasse auf den Teig streichen und der Länge nach aufrollen. Dicke Scheiben davon abschneiden und als Schnecken auf ein mit Backpapier belegtes Backblech legen. Im vorgeheizten Backofen bei 200 Grad etwa 12 Minuten backen.

Anmerkung der Redaktion:
Den Teig mit der doppelten Menge Mohn füllen.

Stracciatella-Muffins, *mit Schokolade und Zuckerguss überzogen, schmecken auch ohne Sahne.*

Schuhsohlen

Christa Pump, 23845 Seth

Für ca. 100 Stück

Teig:

500 g Mehl,
500 g Butter oder Margarine,
1/2 Tasse Milch,
1 ganz frischer Würfel Hefe;

Zum Ausrollen:

Zucker

FÜR DEN HEFEMÜRBETEIG Hefe in der Milch auflösen und mit den anderen Zutaten rasch verkneten. Reichlich Zucker auf die Arbeitsfläche streuen. Vom Teig nacheinander hasel- bis walnussgroße Stücke auf dem Zucker dünn zu ovalen „Schuhsohlen" ausrollen. Zwischendurch einmal wenden.
DIE SOHLEN auf ein gefettetes Backblech legen. Im Backofen bei 175 Grad backen lassen, bis sie leicht braun werden. Vorsicht, der Zucker karamellisiert leicht!

TIPP: Je nach Größe lassen sich die Schuhsohlen mit geschlagener Sahne und Pflaumenmus füllen.

Stracciatella-Muffins

Marion Buß, 26802 Moormerland

Für 12 Stück

Teig:

200 g Sahne,
150 g Zucker,
1 Päckchen Vanillezucker,
3 Eier,
220 g Mehl,
2 TL Backpulver,
3 EL Nuss-Nougat-Creme;

Füllung:

200 g Sahne,
Schokoraspel

FÜR DEN TEIG die Sahne halb steif schlagen. Zucker und Vanillezucker unterrühren. Eier trennen, das Eigelb zur Sahne geben und unterrühren. Mehl und Backpulver mischen und ebenfalls hinzufügen. Das Eiweiß steif schlagen und unterheben. Zuletzt die Nuss-Nougat-Creme zu dem Teig geben und unterrühren.

Teig in gefettete Muffinformen füllen und im vorgeheizten Backofen bei 180 Grad ca. 20 Minuten backen. Muffins nach dem Auskühlen waagerecht halbieren.
FÜR DIE FÜLLUNG die Sahne steif schlagen und Schokoraspeln unterheben. Die Muffins mit der Stracciatella-Sahne füllen.

ANMERKUNG DER REDAKTION: Die Muffins sind auch mit einer Puderzuckerhaube und ohne Sahne sehr lecker!

Hefemürbeteig auf Zucker ausgerollt: Schuhsohlen zum Knabbern.

Süße Füßchen

Edeltraud Baumgartner, 85447 Fraunberg

Teig:

250 g Mehl,
1 TL Backpulver,
75 g Zucker,
1 Päckchen Vanillezucker,
3 Tropfen Butter-Vanille-Aroma,
50 g Crème fraîche,
175 g Butter;

Zum Bestreichen:

1 Eigelb,
2 EL Milch;

Guss:

125 g Puderzucker,
Speisefarbe oder roter Saft,
1 bis 2 EL heißes Wasser

AUS DEN TEIGZUTATEN einen Mürbeteig herstellen und auf einer bemehlten Arbeitsfläche 1/2 cm dick ausrollen. Mit Hilfe einer Schablone oder mit einem Ausstecher Füße in beliebigen Größen ausstechen. Diese auf ein mit Backpapier belegtes Backblech setzen.
DAS EIGELB mit der Milch verquirlen und Füße damit bestreichen. Im vorgeheizten Backofen bei 180 Grad 10 bis 15 Minuten backen. Gebäck erkalten lassen.
FÜR DEN GUSS Puderzucker mit Saft oder Farbe und Wasser zu einer dickflüssigen Masse verrühren. Die Zehen damit lackieren. Guss trocknen lassen.

TIPP: Die Füße können auch vor dem Backen mit Hagelzucker oder gehackten Mandeln bestreut werden.

Rezeptverzeichnis

A B C ...

Impressum

Landwirtschaftsverlag GmbH, 48084 Münster

Herausgeber:
top agrar, Das Magazin für moderne Landwirtschaft,
Postfach 7847, 48042 Münster,
Telefon: 02 51 / 5 10 12-0
Telefax: 02 51 / 5 10 12-54

Redaktion: Ute Frieling-Huchzermeyer, Luise Richard
Layout: high standArt, Münster
Korrektorat: Dorothea Raspe, Münster
Titelfotos: Stock Food
Fotos: Stock Food (89), Ralf Heil (5)

Autoren: Gertrud Berning, Luise Richard
Jury des top agrar Rezeptwettbewerbes:
Gertrud Berning, Margret Leifker, Monika Musholt, Hildegard Rawert-Hagemann, Luise Richard

Verlag: Landwirtschaftsverlag GmbH, 48084 Münster
Telefon: 0 25 01 / 8 01-0
Telefax: 0 25 01 / 8 01-2 04
Internet: www.lv-h.de
E-Mail: service@topagrar.com

Hauptgeschäftsführer: Karl-Heinz Bonny
Geschäftsführer: Hermann Bimberg
Objektleiter: Dr. Peter Wiggers

Gesamtherstellung:
LV Druck im Landwirtschaftsverlag GmbH

Printed in Germany

ISBN 3-7843-3333-8